FT THE FIFTY LEADING BUSINESS PIONEERS

《金融时报》
企业先驱50人

〔英〕FT/主编　　吴乐斌/总策划　　张荷花 等/译

科学出版社

北　京

内 容 简 介

　　《金融时报》提名的50大企业先驱，其评选标准之一是已经成功创办了企业，且对当世和后世产生了深远的影响。本次是《金融时报》第一次评选企业先驱，评选范围亘古纵今，不论中西。经过评委们慎重评选和讨论，最终入榜的先驱有创办通用电气前身的托马斯·爱迪生，缔造石油产业的约翰·D.洛克菲勒，南非采矿业的塞西尔·罗德斯，银行业领袖约翰·皮尔庞特·摩根等众多业界大咖。每个人物（含联合企业家）的生平、发迹及商业影响通过一篇语言高度凝练的文章进行介绍，每个类别又辅以章节总述。本书具有很强的可读性和学习性，是企业家精神的集中体现。

　　在国科控股领导的指导下，国科控股员工对其进行了翻译，期望能够有助于大家学习企业家精神。

图书在版编目 （CIP） 数据

　　《金融时报》企业先驱50人 / 英国 FT 主编；张荷花等译 . —北京：科学出版社，2019.3
　　书名原文：FT Top 50 Business Poineers
　　ISBN 978-7-03-060400-2

　　Ⅰ.①金… Ⅱ.①英…②张… Ⅲ.①企业家-生平事迹-世界 Ⅳ.①K815.38

　　中国版本图书馆 CIP 数据核字（2019）第 009834 号

总策划：吴乐斌

责任编辑：马　跃　郝　静 / 责任校对：贾伟娟

责任印制：霍　兵 / 封面设计：无极书装

科 学 出 版 社 出版

北京东黄城根北街 16 号
邮政编码：100717
http://www.sciencep.com

三河市春园印刷有限公司　印刷

科学出版社发行　各地新华书店经销

*

2019 年 3 月第 一 版　　开本：720×1000　1/16
2019 年 3 月第一次印刷　　印张：10

字数：160 000

定价：98.00 元

（如有印装质量问题，我社负责调换）

序
Preface

为企业先驱呼和唤

《金融时报》组织评选并出版了2015年全球《企业先驱50人》，令人耳目一新，兴奋久久不能平息。为使更多读者，特别是为了让更多的企业家、创业者受益，我动员了公司的年轻同事们将其翻译成中文并获得了《金融时报》的版权许可，特此出版与大家见面。

正如组织者所说，企业的创办和发展得益于许多伟大的政治家、科学家，但政治家和科学家不在本次评选和收录的范围内，本次收录的人必须亲自创办或经营企业，也就是说，必须是企业家。

什么样的企业家可以入选呢？企业家通过技术创新或商业模式创新创办或经营了一个成功的企业，这个企业因为开启了一个新产品或一项新服务，或开启了一个新产业、一个新行业，或开启了一个新时代而对世界产生了广泛而积极的影响。

这样的企业家理应受到世人的尊敬和感恩。例如，创办了美国通用电气公司的爱迪生，创办了微软的比尔·盖茨，创办并经营了苹果公司的乔布斯等，这些人的名字，家喻户晓。但还有很多人，我们受惠于他们创办的企业产品或服务，但我们并不知道他们是谁。有时我们只知道他们成功而光鲜的一面，而不知道这些企业家成功背后那些创业和人生的艰辛，甚至是苦难。

在入选的人中，欧美企业家居绝对多数。所幸，我国企业家任正非、马云等榜上有名。中国在世界上创造了经济持续、快速、健康增长的奇迹，企业家功不可没。同时，我们要清醒地认识到，企业家要感谢改革开放，感谢共产党，因为有了改革开放，有了党的领导，才有企业家施展才干的广阔舞台。

目前，中国企业跻身世界500强的有100多家，但都大而不强。比一比，看一看，中国企业进入国际舞台的，多数以商业模式创新而取胜，鲜有以技术创新而立足的。

中国是泱泱文明大国，是世界上唯一存续的文明古国。历史之久，人口之众，世界之最，在这样的国度里，引领世界的企业家为什么少而又少？以经济总量算，中国已经是世界第二大经济体，不远的将来将成为第一大经济体。中国已经是科技论文数量全球第二、专利申请数量全球第一的国家。这与企业家有什么关系？如果说经济是亚当，科技是夏娃，那么，企业就是他们的孩子，而企业家是这个孩子的灵魂。

在此，我们为已经进入名册的企业家欢呼，更为中国走出越来越多的引领世界的企业先驱而呼唤！ ■

前言
Foreword

从众多企业家中评选出50位企业先驱是一项艰巨的任务，更何况本次评选纵古论今，横跨全球。

我们的评审团面临的难题之一是需要决定评选标准：是选择第一个提出创意的人，还是选择把创意商业化的人。

我们遇到的另外一个难题是，我们该如何对待那些富有远见的政治家，是他们创造了适合创新创意发展的商业环境。

本刊在这篇特别报道中给出了这些问题的答案。《金融时报》全球读者和记者提名了几百位候选人的长名单。《金融时报》的副主编迈克尔·斯卡平克（Michael Skapinker）是本次杰出评审团的主席，请听他细细道来，我们是如何艰难地从这个长名单中评选出这个结果的。过程虽艰难，但是，认真判断是《金融时报》新闻精神的核心。

《金融时报》杂志（包括探讨特定主题的网络文章和视频）跟踪报道了影响

■■ ■ 《金融时报》企业先驱50人

当今商业界的50个伟大创意。在此，我们将50位企业先驱按行业领域进行分类，如科技、金融等。一些未能入选这份名单的企业先驱也同样杰出。我们邀请《金融时报》特邀作者为每一章节撰写专栏介绍，纵观企业先驱在何种情况下青史留名或与成功失之交臂。

50位企业先驱中绝大部分是男性，而且美国和西欧人士居多。评委在工作中已竭尽所能地以包容的心态进行评选，所有人都是以其真才实干入选的。围绕西方商业模式的主导地位及女性力量的崛起的两篇文章也说明了世界格局正快速变迁。

本次评选仅是历史长河中的惊鸿一瞥。再过一到两年，评委们认为仍需考察的人可能会上榜，其他的业界领袖也许会证明其上榜的理由。

《金融时报》将会持续报道这些企业先驱，也欢迎您随时参与我们的讨论。■

Lionel Barber 利昂·巴伯
《金融时报》编辑
lionel.barber@ft.com

> "只有考察一个人的追随者才能真正判断他的开拓性影响。"

目录
Contents

简介
Introduction

创造商业，而不是发现商业，是入选的关键所在。

——迈克尔·斯卡平克

应该如何界定企业先驱？这是我们评审团要解决的第一个问题，之后再从《金融时报》读者和记者们提议的名单中进行筛选。评审团由6人组成——3位《金融时报》专栏作家和3位外部专家。

发明家和发现者是否可以视为企业先驱？青霉素带动了抗生素在全球范围内的发展，我们是否应该将青霉素的发现者亚历山大·弗莱明评选为企业先驱呢？又如何评价万维网的发明者蒂姆·伯纳斯·李？

那如何评价中国改革领导人邓小平？我们的一位中国记者认为："他自己并不是商人，但若没有他，就不会有中国商人的成就。"

那如何评价那些改变高级管理者商业思考模式的商学院教授？是否应该将哈佛商学院迈克尔·波特纳入名单里？

评审团对上述三个问题的答案都是否定的。我们认为，企业先驱应该已经成功创办了企业。这样我们就能很快做出决定。很自然，托马斯·爱迪生应该榜上有名，这位多产发明家创办的公司发展成为日后的通用电气。

以此类推。约翰·D. 洛克菲勒是缔造石油产业的核心人物。塞西尔·罗德斯开创南非采矿业之先河。自然地,约翰·皮尔庞特·摩根应为银行业领袖。梅耶·罗思柴尔德,他的子女遍布欧洲,是国际银行领袖。托马斯·库克开创了现代旅游业。

评委能很容易地评选出现代企业先驱,他们创办的新商业模式颠覆了传统运营模式。迈克尔·布隆伯格和鲁伯特·默多克就属于这个类型。F1赛车的老板伯尼·埃克尔斯通也如是。理查德·布兰森入选是因为他的个人品牌涉及多个行业,从音乐、航空到金融服务。

此后,我们的讨论变得更为复杂。该如何对待联合创业的领袖呢?他们应该占据两席还是共居一席?评委们最终认为他们应该分享一个席位。所以,谷歌的联合创始人谢尔盖·布林和拉里·佩奇共居一席。丰田生产系统减少了汽车生产过程中的浪费并使用了适量流畅的生产模式,其联合创始人丰田英二和大野耐一也共享一席。

托马斯·沃森和路易斯·郭士纳又代表了另一种问题。他们在不同时代引领了IBM的发展。沃森在20世纪上半叶建立起IBM;郭士纳在20世纪90年代给IBM带来了逆转性发展。能否确定他们能分别入选呢?不,评委们如是说。他们都是IBM的领袖,应该在我们的名单中有所关联。所有评委都认为沃尔特·迪士尼应该被视为企业先驱,但是也有人强烈支持沃尔特的哥哥罗伊,认为正是他的财务管理使沃尔特的天才创意变成商业现实。所以,他们也共享一席。

评委们意识到我们最终的名单可能会由欧美白人男性占据绝对主导地位。《金融时报》首席商业评论员约翰·加普和我们的一位评委认为,这类人历史上一直主导着商业领导力。但是,古往今来总还有其他的企业先驱。尽管评委们认为每一位上榜人士都有充分的理由,但是我们也希望尽可能广泛地寻找候选人。

莫·易卜拉欣用移动通信改变了非洲长期的落后的固定通话状况,获得评委们一致支持。孟加拉国的诺贝尔奖获得者穆罕默德·尤努斯是格莱珉银行的创始人,开创了小额贷款的时代,但是评委们感觉小额贷款领域还有其他开创人,关于他是否入选有所争议,但最终还是获评上榜。拉坦·塔塔将其家族在印度的产业发展成一个全球产业集团,虽有争议,终还入榜。

雅诗·兰黛引领创造了如今巨大的美妆产业,获得评委们一致认同。在同一个领域,美体小铺的创始人安妮塔·罗迪克因其理解消费者对公司道德标准的反应也获得一席之地。评委们认为,罗迪克是倡导负责任的环保型企业理念的核心人物。

　　考虑到全球时尚产业的规模和影响力，评委认为应该有该领域的代表，于是评选出可可·香奈儿和缪西娅·普拉达这样的企业先驱。

　　评委们深刻认为主权财富基金的代表应榜上有名，但是并未能就杰出代表达成一致。■

西方主导
Western Dominance

美籍人士占据了企业先驱名单的大半壁江山。

——约翰·加普

美国不仅是世界最大经济体，更是一个开拓者的国度，《金融时报》的企业先驱名单充分说明了这一点。评委们评选出的很多人来自西方工业经济体，但是其中很大一部分是美国人或者是在美国发迹的。

不可避免地，本次评选多少有些回顾过去的意味。领袖的定义是做出与众不同之举，而其重要性可能在几年间甚至几十年间都不能显现出来。美国在这方面有内在优势，在20世纪，美国多数时候是全球增长最强劲的大经济体。自19世纪后期，美国逐渐成为世界主导性经济体，其自由市场和高度竞争结构催生了各行各业的创新活力。美国还通过好莱坞和广告产业讲述这些故事。

时至今日，美国在互联网技术和软件技术方面的优势使得像Facebook创始人马克·扎克伯格、亚马逊创始人杰夫·贝索斯一样的美国企业家能够借助老一代企业家的力量，如实业家亨利·福特和银行家约翰·皮尔庞特·摩根。中国和亚洲正在迅速崛起，但是很多创新仍然有美国痕迹。

《金融时报》的名单体现了这种地理偏差正在变化，亚洲领袖也逐渐产生了，如印度信息技术集团印孚瑟斯的创始人纳拉亚纳·穆尔蒂，以及中国香港巨

头李嘉诚。但是，要把全球经济中心转移的变化完全反映在个人的杰出成就上，还要几十年。

2015年入选的企业先驱沃伦·巴菲特在写给伯克希尔·哈撒韦公司股东的50周年信上如是写道："美国社会蕴涵大量的机遇……我和查理·芒格（伯克希尔·哈撒韦公司副董事长）也真是运气好，都出生在美国。对于出生时所赐予的绝对优势，我们永远心存感激。"

这些优势包含着尝试创新的强烈的文化氛围。美国的移民文化是高度创新的。

像电脑芯片制造商英特尔的前掌门人安迪·格罗夫这样的移民，以及像美国银行创始人阿马迪奥·贾尼尼这样移民的后代，都非常迫切地希望开创宏伟的商业蓝图。

美国经济为企业先驱带来了巨大的优势。美国市场巨大，相比之下欧洲市场有限且有边境限制。美国有强大的法律与专利保护体系来保护和培育发明。莱特兄弟申请专利保护其"飞行机器"免受竞争的意愿和他们驾驶飞机的意愿同样强烈。

美国也是全球最大的消费市场。福特、麦当劳和英特尔这样的公司可以在美国开发并推广新产品，然后进行海外销售。创新由美国流出并流向新兴市场的潮流规模之大，只有如今反向流入美国的产品规模可与之比肩。

因此，即使是像雷军——中国智能手机制造商小米的创始人，这样成功的企业家，也经常借鉴来自西方（尤其是硅谷）的技术和想法。

但显然也有例外。例如，印度的外包产业，并没有追随美国的步伐。印度依靠本国独有的优势，再加上技术变化的推动，发展了自己的外包产业。日本汽车生产商丰田借鉴了很多底特律厂商的做法，但是丰田英二和大野耐一采取的高质量的生产体系却超越了西方，已被福特和通用汽车采纳。

美国开创了开放和创新的资本主义，辅以强有力的法律支持和大众对技术的投资。这个模式已成功出口到世界其他地区，甚至是社会主义的中国。全球新一代的开拓者正收获着红利。■

"中国和多个亚洲国家迅速崛起，但是很多创新仍然带有美国痕迹。"

科技
Technology

科技行业高速更迭，有利于年轻的"门外汉"们为行业带来新的观点和理念。

——理查德·沃特斯

在计算机和互联网产业，你无须刻意成为一个年轻、缺乏经验的"门外汉"来改变世界。但不得不承认，这一类人确实起到了至关重要的作用。

纵观计算机和互联网产业，无论是25岁的盛田昭夫在1946年创办索尼公司，还是年仅19岁的马克·扎克伯格在2004年成立Facebook（然而，彼时的他还是比当年开始软件开发的比尔·盖茨大了三个月），半数以上的领军人物都在27岁前创办了自己的公司。

计算机和互联网产业偏爱年轻人，不仅是因为它是一个新兴行业，同时也反映了行业高速更迭的特点——如大浪淘沙般新旧交替。在这种情况下，拥有不同理念的"门外汉"往往能推陈出新、脱颖而出。

相较于软件互联网行业从业者年轻化的特点，电子硬件设备行业就不那么明显了。托马斯·沃森40岁时才加入商用机器公司，也就是后来被他更名的美国国际商用机器公司（IBM），一手将其打造为计算机时代的第一巨头。然而，在第一台大型商用主机推向市场时，他选择退休，退出了IBM的舞台。任正非，作为一名中国前军官，在43岁时才创立了通信设备公司——华为。

然而，这两位人士所创造的商业帝国符合科技领域另一个众所周知的道理：创始人领导的企业往往会主导行业发展。

20世纪90年代，职业经理人路易斯·郭士纳在IBM危难之际加入，是唯一一位未曾经历企业早期发展的入选者，但在其带领下，IBM成功摆脱困境，这是科技行业史无前例的一次扭转。另一个可与之媲美的案例是史蒂夫·乔布斯回归濒临绝境的苹果公司，使苹果发展为世界上最有价值的公司之一。

早年间，硬件制造是行业获利的主要手段。但随着技术的不断发展，盈利模式也逐渐向软件编程和网络服务等软件技术上转变，而且当前的数字世界对新技术的依赖度越来越高。

从主机到个人电脑，再到移动终端和云计算，掌握每次行业革新的核心技术，才是成功的关键。行业中，大多数成功的企业通过将技术转变为其他产业所依赖的平台，从而搭建起一套自我强化的循环体系——使企业形成"赢者通吃"的业务格局。正如微软，即使是在电脑逐渐被移动终端所替代的时代，其电脑操作系统仍处于行业垄断地位，使得盖茨多年位列《福布斯》富豪排行榜榜首。

在众多行业翘楚中，乔布斯独树一帜。虽然iOS操作系统和应用软件商店服务也是乔布斯成功的重要原因，但他将公司的经营重点聚焦在硬件设备上，这点使得苹果公司与众不同。

在即将出版的《战略规则》（主要讲述计算机时代先锋人物）一书中，美国商学院教授大卫·约菲和迈克尔·卡苏曼诺指出，平台战略已为行业创造无数财富，但乔布斯对此却并不十分热衷。目前还无法确定是否是因为苹果忽视平台战略才导致苹果在移动手机行业的长期主导地位被谷歌的安卓操作系统赶超。

犹如高科技行业本身，领军人物名单也从侧面反映了美国在行业发展中的主导地位。但发展中国家的技术生产商从电子产品制造和程序外包逐步发展为高价值服务提供商，而且随着移动技术的渗透，他们也越来越多地加入到数字市场的蓬勃发展中，可以预见，下一代行业领袖中很多会来自美国以外的国家。

阿里巴巴创始人马云原本并不能跻身2015年度领袖人物之列，但其与腾讯创始人马化腾、小米创始人雷军（中国智能手机领域堪比乔布斯的人物）并誉为全球卓越的中国新生代科技企业家，因此他入选了"成长中的先驱"。

计算机平台不断更新换代，对经济活动的影响一代比一代大。可以预见，未来的新一代平台的财富也会使现有的平台相形见绌。

然而科技行业这样不可逆转的更新换代周期也会有负面影响。创始人在这些公司的发展过程中起着至关重要的作用，创始人一旦离开，这些公司将何去何从？伴随每一代新技术而来的行业机会越来越多，是否会使这些行业巨头企业的寿命提前进入半衰期？

IBM作为行业里长青企业的代表，迄今为止，已经有100多年的历史。但值得注意的是，离郭士纳带领IMB摆脱困境迎来扭转才过去了20年，IBM现又急需另一次重大扭转。

并非所有公司都能及时搭上技术变革的首班车。微软公司错失移动互联的发展良机；谷歌错过了社交媒体浪潮，且其核心搜索服务在移动领域是否可以像在个人计算机领域一样占据主导地位，也有待进一步证明。

甚至连扎克伯格也不得不应对光芒褪去的风险。2014年，年仅30岁的扎克伯格，为使Facebook跟上移动互联时代步伐，被迫花费220亿美元高价收购跨平台即时通信服务公司WhatsApp。

在行业技术革新浪潮中，计算机和互联网产业下一代主流业务的基础已经奠定。■

"在技术革新的浪潮中，新技术不断取代原有技术。"

Sergey Brin & Larry Page
谢尔盖·布林 & 拉里·佩奇

By Richard Waters
作者：理查德·沃特斯

拉里·佩奇和谢尔盖·布林毕业于斯坦福大学，他们对于开展广告业务并没有太多想法。在探索新型搜索引擎创意的学术论文中，他们解释，接受付费信息有使搜索服务违背真实性原则的风险，并补充道："我们认为广告赞助的搜索引擎本质上将偏向于广告主，背离消费者的需要。"

这个问题很快得到了解决，与广告赞助的搜索引擎相反，他们创建了一个搜索相关的广告业务。该业务是消费者互联网行业发展头20年最主要的经济驱动力之一。

佩奇和布林最为人称道的是在网页搜索方面的创新，他们还有更远大的雄心，如无人驾驶汽车。但他们对商界的最大影响是通过广告业实现的。搜索广告的想法始于Overtune——一家互联网创业公司（竞价排名的开创者，后被雅虎收购——译者注），完善于谷歌。

在线显示广告、手机广告和视频广告后来也得到了发展，2014年营收达660亿美元，全世界约有一半的数字广告通过谷歌系统展示。谷歌公司服务范围的扩大为其广告业务带来了前所未有的数据积累，尽管同时也引起了对隐私的担忧。

谷歌这两位联合创始人最近开始关注不同的方向。布林对更长期的项目感兴趣，特别是公司雄心勃勃的研究实验室Google X的项目，尽管之前谷歌眼镜作为增强现实耳机类产品和第一批X项目产品之一没有被大众广泛接受。

与此同时，作为首席执行官，佩奇试图重塑谷歌，希望未来谷歌的业务不仅仅在搜索领域，他希望凭借大量利润将谷歌转变为控股公司，业务从智能家居设备到衰老、疾病的治疗不等。佩奇的愿景将为新型数字集团打下基础。

这两位创始人才40岁出头，已经面临着两个关键问题，这两个问题关乎他们的职业生涯最终将如何载入商界历史——随着社交网络和移动应用商店在数字生活中越来越占据主导地位，他们能否让谷歌在新时代重获新生？他们能否处置得当成功给他们招来的怨恨、嫉妒和恐惧，特别是在欧洲？

在谷歌下一阶段的篇章中，外交和政治技巧将变得和布林与佩奇在过去表现出的技术及商业智慧一样重要。

Bill Gates
比尔·盖茨

By Richard Waters
作者：理查德·沃特斯

如若将商业史上的转折点追溯到某一事件的话，那么1980年秋天，在美国佛罗里达州波卡拉顿召开的一次会议毫无疑问将会被视为一个影响深远的事件。

24岁时，比尔·盖茨从哈佛大学辍学，与校友保罗·艾伦一起弃学从商，创立了最早的新一代微处理器软件公司，从此开启了个人电脑时代。

正是在1980年佛罗里达州那次会议上，盖茨与IBM高管达成协议，决定了接下来20多年里技术行业的走向，同时也使盖茨跻身世界首富之列。

在IBM会议上，盖茨的表现令人印象深刻：既是战略大师又是立场坚定的谈判家，对利害攸关有着独到见解，使得他能在谈判中获得成功。盖茨同意为IBM的个人电脑开发操作系统，但要求源代码的完全控制权归微软所有，且微软有权将软件销售给其他生产商——这些条款促成了个人电脑硬件的市场化发展，并且微软通过垄断经营操作系统获得极高利润。

然而，微软因其强劲的市场竞争力，招来了美国政府的反垄断诉讼。最终，微软避免了被法院命令强制拆分的命运，唯一的条件是微软需接受政府的长期密切监管。

在担任首席执行官期间，盖茨凭借其超强的领导力，带领微软从容应对新技术的威胁。例如，为应对"互联网浪潮"给微软公司带来的风险，他提出了战斗口号，激励了微软开发人员，使微软化解了来自浏览器开发商网景的威胁。

　　结束与美国政府的反垄断战役后，盖茨辞去了首席执行官职务，而专注于把控技术战略方向。尽管盖茨未能带领微软公司引领新一代个人电脑和互联网革命——从网络搜索、社交网络到兴起的移动互联网，但微软的财富及在个人电脑领域的统治地位仍是不可动摇的。

　　与同时期其他科技企业家不同，盖茨在52岁时选择离开他所创立的微软公司，投身于慈善事业，开启了自己的第二职业。为了改善新兴国家生活水平，盖茨为其运营的基金会提供了充裕的资金支持。在不远的未来，该基金会对社会的影响可能比肩微软公司。■

"盖茨凭借其超强的领导力，带领微软从容应对新技术的威胁。"

Andy Grove
安迪·格罗夫

By Sarah Mishkin
作者：萨拉·米什金

安迪·格罗夫回忆录——《只有偏执狂才能生存》，书名是其一生奋斗的写照，这也是这位英特尔公司联合创始人在年少时的领悟。格罗夫是犹太人，从小生长在匈牙利，犹太名叫András Gróf。犹太人大屠杀时，他还是一个小孩，为了躲避纳粹分子的魔爪，他和母亲在布达佩斯和匈牙利的乡下颠沛流离。1956年，匈牙利起义后，他便逃往了美国。

终于他完成了大学学业，搬到了加利福尼亚州，开始从事新兴的半导体行业。后来，他与硅片的关键开发者罗伯特·诺伊斯和戈登·穆尔共同创办了英特尔公司。

如今，英特尔成为全球营业收入最高的半导体公司，它的芯片得到了广泛的应用，不论是苹果电脑，还是那些运行世界上最流行应用程序的大型数据服务器。在发达国家，人们在日常生活中几乎离不开英特尔的直接或间接产品。

然而，英特尔的发展历程也并非一帆风顺。如今，英特尔公司之所以能成功达到现在的高度，格罗夫在其中起到了至关重要的作用。20世纪80年代中期，作为英特尔支柱业务的存储器芯片，受到了来自日本企业低价的冲击，使得公司陷入危机。格罗夫提出发展微处理器业务的概念，帮助公司渡过难关、迎来转机，英特尔一跃成为当今世界微处理器的领航企业。而在当时，英特尔的大部分研发都投入到存储器芯片中，作为计算机大脑的微处理器，还只是公司一个极小的业务板块。

　　面对公司举步维艰的局势，格罗夫大胆决定：彻底放弃存储器业务，破釜沉舟，推广微处理器。这一决定导致大量员工被迫下岗、工厂被迫关闭，也改变了英特尔公司原本的定位。

　　格罗夫领悟到的主动出击——偏执——的价值，也许在各行各业受到技术飞速发展的冲击的今天更为适用。20世纪90年代中期，在一次英特尔公司董事会上，格罗夫发表了关于互联网重要性的讲话。当时很多人还认为互联网仅仅是一时潮流，但他强烈指出，公司必须在万维网将如何影响公司业务的问题上提前思考、主动出击。

　　"对于技术而言，该发生的终将会发生，我们抵挡不住，也逃避不了。但是，我们应当厉兵秣马、严阵以待"，格罗夫写道，"放任自流的态度会让我们错失良机"。■

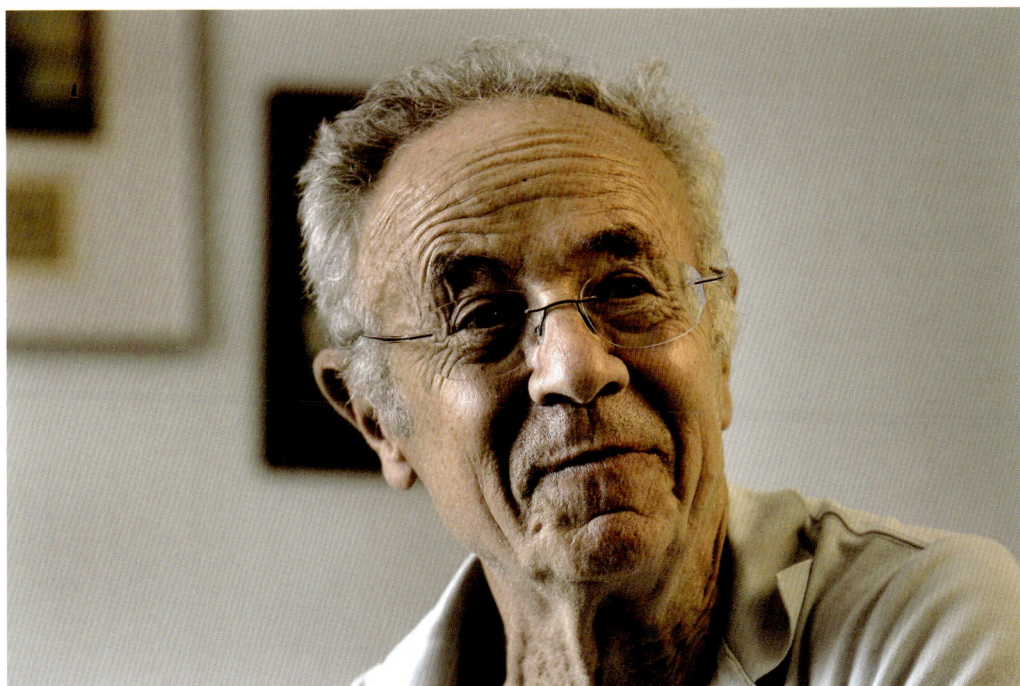

Steve Jobs
史蒂夫·乔布斯

By Tim Bradshaw
作者：蒂姆·布拉德肖

至今，苹果总部One Infinite Loop四楼办公室的门上，仍然挂着"史蒂夫·乔布斯"的名牌。虽然距2011年10月乔布斯离世已经过去了四年，但这位苹果公司联合创始人在硅谷总部的办公室仍然保持着原貌。

乔布斯去世后，在其继任人蒂姆·库克的带领下，iPhone销量不断增长，公司的股价也随之翻了一番。乔布斯专注、简约、精益求精的理念至今依然引领着苹果公司。

乔布斯开创的不是一家而是三家企业，其中两家被命名为苹果公司。随着个人技术时代的到来，作为皮克斯动画工作室的董事长，他通过《玩具总动员》，使动画产业数字化。随后，他先推出iPod颠覆了音乐产业，紧接着又设计出了iPhone手机，由此引领了覆盖面更广的移动互联网络。

纵观苹果公司及其毗连产业的每一次转型，乔布斯总是干劲十足，但也难以相处。评价他的管理风格时，乔布斯冷酷无情又反复无常的天性常被提起。由沃尔特·艾萨克森主笔的《史蒂夫·乔布斯传》中提到，苹果公司前任首席执行官约翰·斯卡利形容乔布斯的轻蔑的眼神"就像X光般钻进你的骨子里"。

而这样的人格力量，却可以激发同事们的潜质，挖掘出他们原本以为力所不能及的可能。

乔布斯也会借鉴其他新型产品的概念，如施乐公司的鼠标。然而，他的过人之处在于，能将所有技术完美地融合成一个整体，并向所有人开放。在这个行业，很多人认为科技进步意味着产品复杂性升级，乔布斯坚持科技产品要符合直觉。"苹果公司之所以能创造出像iPad这样的产品，是因为我们一直致力于将技术和人文科学相结合"，乔布斯在2010年产品发布会上介绍平板电脑时如是说。

一年后，他进一步阐述："苹果公司一直秉承着'技术不能决定一切'的理念。我们认为，不仅我们的电子产品有很好的设计和架构，设计生产这些产品的组织本身也有很好的架构。"

也许，乔布斯的伟大之处不在于任何一款产品，而是他搭建起了一个不断革新、不惧前险、勇往直前的组织。"你可以在这些产品中清晰地感受到乔布斯的存在，也可以在苹果公司中感受到他的存在"，库克在2014年说道。"他的精神将永远是公司的基石。"

Akio Morita
盛田昭夫

By Kana Inagaki
作者：稻垣加奈

盛田昭夫，索尼公司联合创始人，改变了日本科技产业的面貌，将日本小型电子产品升级为"电子产品界的凯迪拉克"。昭夫，通过索尼的各类产品，无论是特丽珑彩色电视还是随身听录音机，充分展示了日本民族的创造性，使其在第二次世界大战后迅速崛起。他创造的产品彻底颠覆了世界各地的人们听音乐和看电视的方式。

1921年，昭夫出生在一个富裕的酿酒家庭，是家中的长子。二十几岁时，他打破惯例，离开了家族企业。1946年，他与搭档井深大在东京一家被炸毁的百货大楼内，创办了小型电机工程公司，公司迅速扩张成为世界上最具标志性的消费者电子产品品牌之一。

如果将井深大称作一名工程天才的话，昭夫则是一名游走于世界各地、活力四射且魅力十足的推销员。昭夫极具商业头脑，这在他的品牌战略上得以充分体现，使得索尼的产品在日本商品被视为西方产品的低劣复制品时期，仍然能保持价格上的竞争优势。

与苹果公司的史蒂夫·乔布斯一样，昭夫同样对市场调查这一做法持怀疑的态度。昭夫提到，如果当初询问消费者想要什么样的产品，就不会有随身听的出现。事实上，即便是在索尼内部，除了昭夫，起初几乎没有人相信随身听会大受欢迎。

拥有一头标志性银发的昭夫，是一位富有激情但有时也颇受争议的日本商业代言人，他批评美国产业过于关注短期利益。

打破传统思维的索尼产品，无论是1955年的袖珍晶体管收音机，还是1960年的便携式晶体管电视，或是1968年的特丽珑彩电，都备受国际认可。而随着1979年随身听的问世，索尼带领人们进入了大众化的便携式音乐时代。■

"前进之声：索尼随身听，带领人们进入全新的音乐时代。"

19

Narayana Murthy

纳拉亚纳·穆尔蒂

By James Crabtree
作者：詹姆斯·克拉布特里

纳拉亚纳·穆尔蒂卸任印孚瑟斯董事长的时候，似乎注定会享有印度软件业先驱的声誉。他于1981年联合创建了印孚瑟斯，任职首席执行官一直到2011年。在这个过程中，他成为印度在快速增长的外包领域中最具标志性的人物。

但是他的决定性重要作用在两年之后才凸显出来。印孚瑟斯自他退休后失去了发展方向，曾经快速扩张的辉煌不再，取而代之的是忽上忽下的财务业绩，董事会出人意料地邀请他重掌帅印。

穆尔蒂有时非常沉默寡言，对细节几近苛求，他帮助印孚瑟斯在他的第二个任期内重新发扬了那些使印度信息科技行业得以蓬勃发展的特质，这些特质包括重新锁定传统强项，即以极低价优势打败国外竞争者，为全球的领导企业提供基础服务。

公司业绩得到稳定，士气提升。当穆尔蒂一年后交权给他的继任者时，他坦言集团的重整并没有完成，但是大多数分析师认为起码已经走回正轨。

除了在印孚瑟斯的角色外，穆尔蒂的职业生涯有着更深远的象征意义，影响了印度的发展。作为一个企业家，他的公众形象是诚实、正直而谦逊的，而非亿万富翁的形象。

他在2011年给股东的告别辞中写道，"许多聪明人极其自负，缺乏与比他们能力低的人打交道的耐心"，"领导者应该小心处理这种异常现象，时常规劝这些偏离正道之人，只要他们没有异常行为就允许他们开展工作"。

印孚瑟斯于1981年以250美元的启动资金在浦那开业（不久搬迁到发展中的信息技术中心班加罗尔）的故事，象征着印度国家发展的潜力。在一个家族企业和臃肿迟缓的国企占据商界主导地位的国家，穆尔蒂和印孚瑟斯的其他联合创始人代表了一群不一样的企业家，他们背景平凡，但却通过教育、改革和决心的碰撞创立了世界领先的产业。

在穆尔蒂回归印孚瑟斯时，曾是印孚瑟斯客户的印度苏格兰皇家银行前领导弥拉·桑亚尔（Meera Sanyal）进行总结，说明了这位印度软件业领袖如此重要的原因。他"代表了中产阶级希望在商界靠光明磊落的行事取得成功的雄心壮志"，她认为"他是希望的灯塔，所有人都为他的成就感到骄傲"。■

Ren Zhengfei
任正非

By Leslie Hook
作者：莱斯利·胡克

任正非（前军队工程师）回忆说，他的创业之路可谓是荆棘丛生。离开军队后，他前往中国南方城市深圳创业，但很快他就遇到了难题：对于市场经济如何运作，他一无所知。然而，中国其他人对此同样也是一头雾水。那时，中国正处在国营经济向中国特色市场经济转型的时期。

华为由任正非于1987年创立，目前是最具中国特色的全球标志性企业之一。2015年，华为销售额已突破470亿美元，成功超越爱立信，成为全球最大的电信设备供应商。

但华为的发展并非一帆风顺。任正非参军入伍之前在大学主攻建筑学，大学快毕业时"文化大革命"全面爆发。退役后，他开始从事通信行业，因为当时"大家都认为通信市场十分广阔，产品包罗万象"。公司发展初期，资金十分紧张，"我们靠着投入大量的个人资产，才得以生存下来"，70岁的任正非在2015年1月的达沃斯论坛的讲话中提到。"当时也不可能再后退了，因为一分钱都没有了。只有向前，因此我们走上了这条不归路。"

华为，作为中国最著名的全球品牌之一，在全球的快速扩张进程也曾多次受到限制，尤其在美国。华为与美国屡次合作未果，在一定程度上是由于美国立法者对任正非过去的军事背景心有担忧。

不仅任正非的军事背景让美国担心，华为的保密传统更是让美国忧心忡忡：华为不向公众透露其股权结构细节，只对外宣传股权由其8万多名员工持有。而且在2011年之前，华为甚至不对外披露其董事会成员身份。

近年来，华为发展极为迅速，预计2016年销售收入将增长20%，达到560亿美元。尽管公司大部分的销售额来自电信设备板块的贡献，但公司业务中增长速度最快的却是提供企业服务的数据中心和云计算两个板块。

人们一直在讨论华为是否，或在多大程度上，从与政府的良好关系中获益。任正非在达沃斯会议上说："美国想：哎呀，你们走出来，代表社会主义。那中国在想：你们个人都有股票，那算不算资本主义呀？你说我们应该算哪一种？我自己今天也说不清楚我们公司算什么性质。" ■

"华为已经成为全球最大的电信设备供应商。"

Thomas Watson & Lou Gerstner
托马斯·沃森 & 路易斯·郭士纳

By Richard Waters
作者：理查德·沃特斯

托马斯·沃森和路易斯·郭士纳都来自工人阶级家庭，他们领导的公司对信息时代的第一个百年产生了决定性影响，从穿孔卡片到电脑主机，再到复杂的信息技术系统，现代企业对公司产品甚为依赖。但他们两个人在各方面都大相径庭。

沃森是个天生的推销员，他最初经营的业务是"赚富人的钱"的"高大上"买卖，他卖过钢琴、股票和点钞机，1914年进入计算制表记录公司，他很快就晋升为这家公司的总裁，并将这家公司改名为美国国际商用机器公司（IBM），以反映公司办公设备经营范围越来越广泛。

在公司近40年的时间里，沃森创立了一种文化，成为20世纪中叶美国企业的代名词。蓝色巨人以其销售人员穿着深色制服及对公司的忠诚度而闻名。他还提出"客户第一、员工第二、股东利益第三"的理念，确立了多部门的现代公司的蓝图。

"厄运的乌云从未聚集在沃森的地平线"，1956年《纽约时报》发布的沃森的讣告中写道。讣告中补充说，乐观主义帮助沃森赢得了"世界上最伟大的推销员"的美誉。

IBM的制表机在市场上处于主导地位，IBM的成功使沃森成为计算机时代对抗美国反垄断监管部门的首位垄断者。接下来的反垄断调查是围绕大型机展开的，尽管这些几乎是IBM同义词的产品在他1952年退休时才推向市场。

20世纪90年代初，个人电脑的兴起引发低成本技术竞争，IBM一直在其中挣扎，也未能成功应对此次竞争的浪潮。公司需要一位完全不同的领导，将公司从生死边缘拽回。

郭士纳接手掌舵，聚焦公司运营细节，希望以此挽救IBM。郭士纳毕业于哈佛商学院，曾在麦肯锡管理咨询公司做顾问，之后在美国运通（一家金融服务公司）和雷诺兹-纳贝斯克公司担任高管，管理经验纯熟。

郭士纳强硬的领导风格让IBM的普通员工感到不适，但这样的领导方式却正是公司需要的良方。他强调运营层面的重要性，拒绝战略层面的彻底变革。在他首次公开发言中，他说"IBM现在最不需要的就是愿景"。

尽管在接下来的25年里，云计算的兴起威胁了IBM在企业信息技术行业的长期地位，IBM领导力也面临新的问题，但是在史蒂夫·乔布斯重建苹果之前，郭士纳复兴IBM使其脱颖而出成为科技行业最著名的扭转案例。■

Mark Zuckerberg
马克·扎克伯格

By Hannah Kuchler
作者：汉娜·库赫勒

马克·扎克伯格创建了世界上最大的通信网络，正在制造无人机让互联网覆盖到全球的偏远角落，他在流行文化中举足轻重，最近发起了一个与奥普拉·温弗里相匹敌的图书俱乐部。

扎克伯格从哈佛大学校舍到硅谷亿万富翁的旅程因改编成电影《社交网络》而家喻户晓。他创造的Facebook开始时是用于大学同学在线沟通，后来发展成容纳几乎14亿人的网络。Facebook重塑了我们的互动方式，推动了诸如"赞"和"好友请求"等新词汇被纳入到21世纪辞典中。

作为公司的首席执行官，他认定这一切只是个开头。他想要实现的是Facebook多次重申的目标——"联系每一个人""认识世界""建立知识经济"。他想把全世界71亿人纳入网络中，使Facebook成为可以与谷歌竞争的可搜索的数据库，利用网络帮助人们创造工作岗位、设立公司，并提高生产力。

扎克伯格是一个几近狂热的公司创始人，他很自然地告诉股东他所追求和坚信的东西不只是赚钱。他的internet.org项目以让更多发展中国家的人链接到互联网为目标，当被问到投资人凭什么会对这样的项目感兴趣时，他回击道："觉得这个项目有价值的人才是我们想要的投资人。"

扎克伯格对生活中的其他事情也充满热情，包括他的慈善事业——他在美国慈善家榜单中名列第一，2013年，他将自己Facebook价值近10亿美元的股份捐赠给硅谷社区基金会，这家基金会服务于和Facebook一样在硅谷的公司。

　　他决心在新的一年里实施一系列雄心勃勃的计划，如学习汉语，最近他在中国炫中文已经收获很多好评；再如每两周读一本新书，作为社交媒体共享文化的关键倡议者，扎克伯格邀请他的粉丝一起阅读，他要读的第一本书是委内瑞拉贸易部前部长写的书，他的影响力如此之大，以至于这本书卖到脱销。▪

时尚业和零售业
Fashion & Retail

> 技术高低也许能决定未来的领头羊，但是服务好坏却一直在决定当下的领头羊。

——安德烈·费尔斯特德

对于第一批大众零售市场的开拓者来说，店铺是唯一的关键点。杰克·科恩，连锁超市特易购（Tesco）的创始人，于1919年在伦敦东区的一个街市摊位起家，十年后才在埃奇韦尔开了自己的第一家店，并在伦敦郊区扩大时收购了郊区商铺，特易购就此快速发展起来。

塞恩斯伯里家族也是同样的情形，由伦敦特鲁里街的一家小型乳制品店发展成英国最大的食品商。同时，肯·莫里森先生在第二次世界大战战后的布拉德福德将他家的"三个鸡蛋加黄油"摊位发展成威廉·莫里森超市连锁公司。

零售业最具创新意义的年份之一为1916年。是年，克拉伦斯·桑德斯在美国田纳西州的孟菲斯市创立了小猪扭扭超市——世界上第一家顾客自助超市。根据小猪扭扭的官方品牌故事，桑德斯是"一个充满活力和创造力的人"，他注意到销售员为顾客拿商品很浪费时间，所以他请顾客自行挑拣商品。

这个想法扩散到了世界各地，塞恩斯伯里于1950年在英国克里登创立了英国的第一家顾客自助商店。

以麦当劳汉堡、薯条为例的快餐热潮也在那一时期升温，这并非巧合。

　　同时在法国，家乐福（Carrefour）开创了超级卖场的概念——同时售卖食品和非食品商品的巨大的一站式服务商店。第一家家乐福于1963年在巴黎附近开业。在此前一年，山姆·沃尔顿在美国阿肯色州罗杰斯开了第一家沃尔玛商店，25年后，第一家沃尔玛购物广场开业，同时销售日用品和食品。

　　在此后的历史进程中，还陆续出现了其他创新。比如，特易购于1995年推出会员积分卡，此举为这家连锁超市提供了大量的客户数据。"为什么特易购在21世纪初获得了巨大的优势？这是因为他们具有明显的信息优势。"《杂货店与超市之战》的作者安德鲁·塞思说道。

　　下一波的创新浪潮不在商店领域，而是网上购物，这波浪潮的弄潮儿就是亚马逊创始人杰夫·贝索斯，亚马逊在1994年起家时只是网上书店，现如今经营范围涉及数百种其他产品品类。

　　零售咨询公司Conlumino的董事总经理尼尔·桑德斯说，网上零售的发展是由"业外人士"驱动的，如贝索斯，又如当今消费电子产品和音乐的重要零售商苹果公司的创始人史蒂夫·乔布斯。事实上，苹果的零售业务由安吉拉·阿伦茨负责，她是Burberry前首席执行官，为科技与社交媒体融入了时尚元素。

社交媒体对零售业的影响力越来越大。有些人曾创造了"脸谱商"一词，对Facebook的电商业务有极高期待，但Facebook的电商业务并没有像期待的那样成功。相比之下，Pinterest，一个将人们的兴趣和事物相融合的数字化图片分享平台，在电商方面更有潜力。包括Burberry在内的一些零售商已经开始通过Twitter（推特）出售商品，但零售分析师认为，在购物和社交媒体结合的趋势下，通过图片共享网站Instagram购物可能是成功的模式。同时，其他"颠覆者"也在尝试进入零售业，如即时用车软件公司优步正在美国进军商品的物流配送领域。

同样地，时尚界的下一波弄潮儿可能来自科技领域，而不是来自培育出可可·香奈儿和缪西娅·普拉达的时尚领域。可穿戴技术已经融合了时尚性和功能性，随着其智能手表上市，苹果公司肯定会推动可穿戴设备的发展。

然而，独立零售业顾问理查德·海曼预言零售业的下一波弄潮儿将是那些努力寻回零售业初衷的人，即了解客户，满足所需。"诚然，你可以拥有你想要的所有伟大技术"，他说，"但如果你不能提供所需的产品，你还是会以失败告终"。

塞思认为下一波创新浪潮的核心是消费者及他们想要的购物方式。"企业家必须给顾客他们想要的东西。这就是山姆·沃尔顿的沃尔玛和特里·莱希的特易购所做的。他们给客户一个前所未有的划算交易。"他说。■

Jeff Bezos
杰夫·贝索斯

By Sarah Mishkin
作者：萨拉·米什金

杰夫·贝索斯是亚马逊创始人。他的对手称他是科技界中最激进和最可怕的人物之一。他本人很有可能会认同这种评价。回溯到1994年为公司起名字进行头脑风暴的那个时候，他最初将公司网站注册为"relentless.com"（意为"残酷无情"），当时这还只是一家新设立的网上书店。

时至今日，亚马逊的业务范围远远超出了书籍，在这个过程中重塑了整个电子商务和出版业半壁江山。亚马逊向其他高科技公司推销云计算服务，帮助企业家用更少资金、更便捷地创业。亚马逊也开始出版书籍，并制作创意电视剧，雄心勃勃地要重整现有的电视网络和电影制片产业。

贝索斯起步于DE Shaw，一家因很早开始使用计算机而知名的定量对冲基金公司。还在DE Shaw的时候，他就有了创办亚马逊的想法。为此，他离开了DE Shaw，准备创立亚马逊。亚马逊从卖书起家，书籍是最容易在线上营销的商品，而且线上书店有实体书店不具备的优势，因为没有一家实体书店能陈列所有书籍。

但贝索斯设想中的亚马逊远不止这些，而这些设想也逐渐成真。亚马逊增加了珠宝、服装、音乐和DVD业务，最终进入数字产品市场，特别是电子书，这是亚马逊用其价廉物美的Kindle阅读器开辟出的市场。

随着亚马逊的扩张，与竞争对手和合作伙伴的关系问题也随之而来，其处理方式引起了巨大争议。众所周知，亚马逊盯上了一个较小的初创公司Quidsi——一

家成功在线销售尿布的公司。亚马逊通过大幅削减价格来竞争。Quidsi不能像亚马逊一样长期承受亏损，最终走投无路，被更具竞争力的亚马逊收购，成为其麾下一员。

在纸质图书和数字图书的定价问题上，亚马逊还与出版商阿谢特（Hachette）有过交锋。经过七个月的交涉，双方最终达成一致：阿谢特保留定价权，但亚马逊可采取措施激励阿谢特保持低价。亚马逊还大幅拖延阿谢特图书的运输，或者切断阿谢特图书网上购买渠道，以此向阿谢特施压。

亚马逊的这些策略引爆了出版业的担忧，亚马逊在市场处于支配地位，可能有意向强势地与图书供应商达成更为划算的交易。亚马逊对此毫无歉意，并表示要斗争到底。在亚马逊对客户的一封公开信中，亚马逊抨击了阿谢特的定价策略——美国政府对阿谢特提起诉讼，指控它有与其他出版商联合保持高价格的反竞争行为，阿谢特已向政府支付罚款以平息此事。■

Coco Chanel
可可·香奈儿

By Scheherazade Daneshkhu
作者：谢赫拉莎德·达内什库

可可·香奈儿颠覆了时尚标准，在20世纪的女装上烙上了她自己的风格印记，这也正是她另类的名利双收之路的写照。

这位法国设计师认识到，女性在社会中的角色已经在第一次世界大战中开始改变，过去的种种限制不再适用。她摒弃了紧身胸衣，支持紧贴但舒适的针织衣及休闲、无领的两件套。她将简洁的线条和实用的风格融入了小黑裙中，小黑裙成为许多西方女性衣柜中的经典款。

小黑裙长度正好及膝，被1926年的法国《时尚》（*Vogue*）杂志描述为"香奈儿的福特"——就像美国福特汽车一样面向大众市场，成为"现代女性的新制服"。

但在1926年，黑色依然是葬礼服装颜色。由此，香奈儿在时尚界的竞争对手保罗·普瓦雷调侃地询问："夫人，您在悼念谁？"

加布里埃·博纳尔·香奈儿出生于1883年，在修道院的孤儿院长大，一出生就深陷贫困的她在那里学会了缝纫。长大成人后，她接受了几位或富裕或出身贵族的男友的资助，开起了时装店。

最初，她在巴黎的康邦街卖帽子，后来她在那里有了一套豪华公寓，还在附近的丽兹酒店过着滋润的生活。她曾回忆说，她的财富积累靠的是一条用旧针织衫改的裙子，那条裙子是于某个冬日她在法国沿海城市多维尔为自己做的。之后，有多位女士问她是从哪里买到这裙子的，她提出为她们都做一条裙子。

她白手起家的经历帮助她从各种条条框框中解放出来，在世纪之交，她给自己取了"可可"的名字，该名字取自一位咖啡厅歌手。

她开创了人造服装珠宝饰品，并让大众接受了人造珠宝和天然珠宝混合使用。男装给她提供了灵感——她在打造中性服装方面具有相当影响力。她与威斯敏斯特公爵的关系促使她开创了女性运动衫、粗花呢和格子呢衫的时尚风潮。

她在20世纪20年代就已经功成名就，但她的事业受到了20世纪30年代大萧条的冲击，她在第二次世界大战期间关闭了所有店面。她与一位德国军官的关系让她丑闻缠身、名声受损。然而，她在1954年东山再起，那年她71岁。

香奈儿身穿自己设计的服饰，用自己的方式彰显新潮的设计，交织的双"C"成为她的品牌标志。

"时尚"，她说，"不只存在于衣服上"。吸金的香奈儿5号香水及畅销的各种型号的绗缝链条包印证了她的这句话。■

Ingvar Kamprad
英瓦尔·坎普拉德

By Richard Milne
作者：理查德·米尔恩

英瓦尔·坎普拉德改变了设计界，为普通大众带来了实惠而又时尚的家具。作为宜家的创始人，这位瑞典平装家具制造商成功将北欧风格商业化，建立了商业帝国，在全球拥有300多家专卖店，雇佣员工15万人。

他对消费者行为有着令人钦佩的洞察力，从宜家迷宫般的布局到孩子们的玩耍区域，他永远都能想出更多的办法让消费者停留在宜家商店。他改变了家具业的商业逻辑，通过让消费者自己组装家具、在郊区开店、运输平装产品以降低物流成本等一系列举措来压低商品价格。

坎普拉德的故事几乎是一个典型的创业故事。他于1926年出生于斯马兰的一个林木茂盛的乡村，此地处于瑞典南部地区，属于多教徒的圣经地带，坎普拉德五岁开始卖火柴，从斯德哥尔摩批量购买，再以零售方式出售，这样他可以从每笔买卖中获取小额利润。

他于1943年创立了宜家——Ikea这个英文名字取自他的名字、农场和村庄的名字的首字母。五年后，在经营首饰、钢笔和袜子等诸多商品之外他又增加了家具的销售。在20世纪50年代，决定宜家命运的一系列创新很快接踵而至：1951年第一本宜家目录册诞生；1953年家具展间诞生；在客户抱怨火车运输家具的成本过高后，1956年宜家首次推出平板包装。

坎普拉德以节俭闻名，关于他节俭的故事有很多，如多次利用泡茶袋，从餐馆带走袋装盐和胡椒粉，开着十几年的旧车。这种节俭作风也融入到了宜家的公司文化中，让宜家致力于提供物美价廉的产品。宜家产品每年都会有小改良，但平均售价却在逐年下降，例如，一套板式拉克桌1990年售价259瑞典克朗，2015年售价仅79瑞典克朗（约合9.20美元）。

但坎普拉德的一生也不无争议。他与瑞典亲纳粹领导亲近，为此他向员工们致歉，并称"这是我一生中最大的错误"。为了避税，他逃离瑞典，过了40年"税收流亡"的日子。

宜家的版图不断扩张至新的国家，印证了坎普拉德的成功。目前计划在印度开设数十家专卖店。宜家在中国的市场业绩显著，客户甚至可以在店内的床上小睡。■

Ray Kroc
雷·克罗克

By Neil Munshi
作者：尼尔·孟希

雷·克罗克52岁时才涉足汉堡零售业，但他一经涉足就完全完成了转型。1954年，他第一次踏进麦当劳的停车场，那里排着长队，还有一个看上去像电影明星的漂亮女人。"让我的脉搏兴奋跳动的，不是她性感的外表，而是她大口吞咽汉堡时有滋有味的样子"，克罗克在他1977年的回忆录*Grinding it Out*中写道。

他被深深地迷住了。那天晚上他和麦当劳兄弟共进晚餐，了解他们在加利福尼亚的圣贝纳迪诺的汉堡店的运作系统，"菜单上食品有限，每种食品的制作工艺的每一步骤都分解简化，用最少的时间和精力完成"，他后来写道。"汉堡总共花费0.1磅，用同样的方式油炸，花费15美分，加一小片芝士，再花费4美分，软饮10美分，16盎司的奶昔20美分，咖啡5美分。"

当时的美国有很多独立的、小镇风格的冷饮柜台和汉堡店。但那天晚上，克罗克产生了将"麦当劳餐厅开到全国各地的十字路口"的愿景。第二天，他带着特许经营合同飞回了芝加哥，九年内开设了500家美国分店。1967年，首家跨国店面开业。现在，36 000多家麦当劳分布在100多个国家，就算没有成为克罗克预期的高质量典范，也是一股全球性的文化力量。

近年来，墨西哥风味快餐（Chipotle）兴起，消费者的口味发生改变，逐渐远离油腻的汉堡和薯条，诸如此类的变化使得麦当劳受到威胁，它成为肥胖症及争取更高水平最低工资斗争的招牌性标志，但每天还是有多达6900万人光顾麦当劳。

其中一个主要原因是产品一致性，克罗克坚持使用他最初喜欢上麦当劳食品时所使用的标准，他和他的徒弟弗雷德·特纳在1958年将此标准编入公司操作手册。炸薯条的厚度不超过0.28英寸，1/4磅的奶酪配两个泡菜，普通汉堡只配一个泡菜。所以巨无霸在电影《德克萨斯的巴黎》和在法国的巴黎的口味都是相同的。这也是克罗克这个会弹钢琴的纸杯推销员后来成为也许是世界上最有影响力的餐馆老板的原因，虽然他有时也会遭到辱骂。■

"严格一致性意味着巨无霸大汉堡在哪里的味道都一样，不管是在电影《德克萨斯的巴黎》还是在法国的巴黎都一样。"

Estee Lauder
雅诗·兰黛

By Scheherazade Daneshkhu
作者：谢赫拉莎德·达内什库

"我取得今天的成就靠的不是梦想或想象，而是实干"，雅诗·兰黛在她的自传中写道，这是一部讲述她如何将"美"做成事业的自传。

她的成功源于她勤奋努力地工作及坚持不懈、勇往直前的劲头。雄心勃勃是她一生的写照，据她儿子莱昂纳德·劳德说，正如她本人曾解释说，她一生中工作的每一天，无不与销售有关。

11年前她去世了，但她在58年前创立的化妆品帝国经受住了来自其他大品牌的竞争——从伊丽莎白·雅顿到海伦娜·鲁宾斯坦，再到查尔斯·雷夫森的露华浓。

这些企业要么陷入财务混乱，要么被吞并，但是，雅诗兰黛以每年110亿美元的销售额蓬勃发展。即使雅诗兰黛在1995年上市，市值达310亿美元，但仍然在家族控制之下。

约瑟芬·埃丝特·门策出生在纽约的皇后区，父母是来自匈牙利和捷克斯洛伐克的犹太移民。她对自己普通的出身背景感到尴尬，于是改名为雅诗，这样听起来像个法国人，可以营造出富人的背景来迎合并成功渗透到她所渴望的上流社会。

她的化学家叔叔自制的护肤霜让她十分着迷，她帮忙推销给了当地的药店。事实证明她是一个优秀的推销员。"要想向客户卖出护肤霜，你要在最初兜售给他们梦想"，她说。她的公司后来想出其他创新的营销策略，成为行业的规范，如在售出商品的同时免费赠送样品。

在1946年她和丈夫约瑟夫·劳特尔建立雅诗兰黛品牌之后，她决定销售她自己的面霜，自己在家里架起炉子来制作，到高档百货店售卖，因为她负担不起开旗舰店的成本。

她事业的突破点来自萨克斯第五大道销量可观的订单，她的公司自此开始成长起来。1953年推出青春露后，公司销售额加速增长，这是一款成为大热门的高度芳香型的沐浴油和香水，实践了雅诗·兰黛的格言："如果你闻不到它，你也就无法把它卖出去。"■

Miuccia Prada

缪西娅·普拉达

By Rachel Sanderson
作者：蕾切尔·桑德森

  65岁的缪西娅·普拉达仍然可以说是世界上最有影响力的时尚设计师。她总能在一季又一季的时装秀中加入一系列新的设计理念和影响力，不管大家对这些设计是喜爱还是厌恶，普拉达的设计一次次成为行业标杆，也使她多次跻身亿万富翁之列。

  用作为她竞争对手的某位奢侈品高级经理的话来说，普拉达的"燃烧创意"常常引领全球的流行浪潮，如工业帆布黑色背包、壁纸图案褶边裙、扎染连衣裙和厚底坡跟鞋。

  2014年，她被《福布斯》评为世界上最具影响力的100名女性之一，《福布斯》估计她的个人财富高达47亿美元。

  作为一名时装设计师，普拉达有着不寻常的背景。她是一名政治学博士，接受过5年的哑剧培训，在20世纪70年代是一个激进的女权主义者，甚至曾为意大利反对正流派的游行拍照。她在祖父开在米兰埃玛努埃尔二世拱廊购物中心的行李箱商店创建了与她同名的品牌。该商店现在成为全球普拉达集团的旗舰店。

  普拉达与丈夫贝尔泰利的首次见面是在1977年米兰的贸易展览会上。普拉达将普拉达集团发展成为一个包括普拉达、Miu Miu、Church's和Car Shoe品牌在内的全球奢侈品集团。2014年公司的销售额达到了36亿欧元，在全球拥有594家直销店。

2011年，夫妇二人成功推动了普拉达集团在中国香港上市，但受到中国地区需求下降的影响，近两年股价波动较大。

普拉达说，是她和贝尔泰利众所周知的火热的融洽关系催促着她一直前进。她于1986年在纽约开了第一家门店，主要销售手提包和精干的行李箱。两年后，她开始设计女装，五年后进军男装设计。

普拉达对全球趋势的影响力，以及源源不断的新设计想法使她更多的像是一个艺术家，而非仅仅一个时装设计师。然而就是她这样一个狂热的当代艺术收藏家在2012年对纽约杂志这样说道："艺术是为了表达思想和愿景。我的工作是营销，而且我很喜欢我的工作。"

"普拉达说，是她与丈夫贝尔泰利众所周知的火热的融洽关系催促着她一直前进。"

Anita Roddick
安妮塔·罗迪克

By Scheherazade Daneshkhu
作者：谢赫拉莎德·达内什库

安妮塔·罗迪克是美体小铺的代言人。美体小铺是英国最著名的天然化妆品连锁店，成立于1976年，当时主要销售薄荷润足乳液、大麻润手油和木瓜身体磨砂膏。美体小铺的产品和简单的塑料瓶包装都是创新之处，即使是在逝世八年后，安妮塔·罗迪克仍然是英国最著名的女企业家。

早在"社会责任"成为年度报告的时尚词语之前，她就一直坚持履行企业的社会责任。

她被人们称为"绿色皇后"，她认为商业是一种社会变革的载体，对现状的不满是比工商管理硕士学位更有用的商业资质。

她在某种程度上是一个社会活动家，支持环境可持续发展、公平贸易、人权、当地农业，并且支持禁止化妆品动物试验——她在社会活动的过程中也成为百万富翁。

美体小铺在扩张美国市场过程中运营执行不尽如人意，股东们损失颇多，一些人开始埋怨她。当她在2006年将美体小铺卖给美容行业最大的公司欧莱雅时，她被指责违背了她的行为原则。她还曾经严厉批评美容行业是"剥削女性"的"兜售白日梦的洪水猛兽"。

有些评论家认为这次出售是一次背叛，或认为美体小铺在20世纪90年代的衰落证明了热衷社会活动与商业活动运营不可相容，但这些评论家并没有抓住事情

的重点。

从1976年美体小铺在布赖顿建立之日到被出售给欧莱雅的30年间，道德消费从边缘转变为了主流，一部分就是由于安妮塔·罗迪克带来的颠覆性力量。

作为意大利移民的女儿，安妮塔·罗迪克用4000英镑的贷款开了第一家门店。她清楚地知道故事营销的重要性，知道客户喜欢环保化妆品，喜欢相关的部落起源故事，喜欢可再装瓶减少浪费的理念，以及反对动物试验的立场。

安妮塔·罗迪克毫无疑问是有创业天赋的，但她是第一个承认她的商业智慧来自丈夫戈登·罗迪克的人。虽然安妮塔不喜欢城市，还承认"金融无聊透顶"，但美体小铺采用特许经营的模式，每两天半就有新店开张，收入和利润的年增长率超过50%，集团在1984年发展很快。

虽然公司一开始在股市的表现很好，但由于新进入者带来的竞争，以及在美国市场的出师不利，最终在股市还是陷入低迷。安妮塔·罗迪克于1998年辞去首席执行官职务，与她的丈夫一起成为联席董事。

2015年，美体小铺在65个国家拥有2600个店面。关于将公司出售给欧莱雅，她有如下说法："以前的敌人现在成为我们最坚定的支持者。我之前一直致力于从外部改变美容用品行业，现在我可以在内部着手了。"

但是她在一年后逝世，享年64岁，再也没有机会证明她可以从内部改变美容业。■

Sam Walton
山姆·沃尔顿

By Barney Jopson
作者：巴尼·乔普森

　　吝啬并不是山姆·沃尔顿发明的，但是他深深植入企业之内的吝啬本能帮助他使沃尔玛发展成为全球销量最大的零售商。

　　降低成本使沃尔玛能够持续保持低价，低价策略使沃尔玛能够削弱竞争对手。1962年，沃尔玛在阿肯色州罗杰斯开立第一家店，能够保持低价的竞争优势使沃尔玛如今在世界上27个国家拥有11 000多家门店。

　　沃尔顿于1918年出生于俄克拉荷马州。在20世纪中期，那里是美国的贫困边远地区，由此激发沃尔顿一直专注于低价格和物流效率的理念。但是沃尔顿非常精明，打造了和睦的企业文化，掩盖了一些企业的精明实际。

　　即使是在山姆·沃尔顿去世23年后的今天，沃尔玛也一直在培育对"山姆先生"的狂热崇拜，将其朴实的价值观和乡土魅力灌输给员工，并取得了不同程度的成功。

　　对于沃尔玛来说，能够在美国的大部分地区开设沃尔玛大型购物中心确实是了不起的成就，毕竟沃尔玛运营总部设在较偏远的阿肯色州本顿维尔，而这里远远称不上是一个商业中心。

　　也许最能证明沃尔顿商业信条成功的是沃尔玛现在最大的竞争对手——线上零售商亚马逊，亚马逊一直在努力模仿沃尔玛这个老牌零售商。

　　亚马逊的创始人杰夫·贝索斯一直致力于提高效率（加上技术），以此打造超低价格和压缩成本，由此打造了亚马逊。一位早期亚马逊员工说经理们曾在公司读书俱乐部里读沃尔顿的传记。

沃尔顿灌输和培养的企业精神也有不好的一面。沃尔玛一直受到一小部分相对富有的美国人的指责。他们指责沃尔玛欺压供应商、挤压夫妻店的生存空间，并且付给员工的工资很低。

为应对外界对员工工资低的指责，沃尔玛2015年宣布将提高50万名工人的待遇，以确保其所有的140万员工的工资待遇都达到至少9美元一小时。

沃尔顿也培养了一定的牛仔精神，信奉"今日事今日毕，而不论方法"。但开拓国外市场对沃尔玛来说是个特别严峻的考验。虽然在巴西、中国和其他国家的许多消费者也希望低价购物和消费，但沃尔玛清楚地知道在这些地区不能只简单复制其美国模式。■

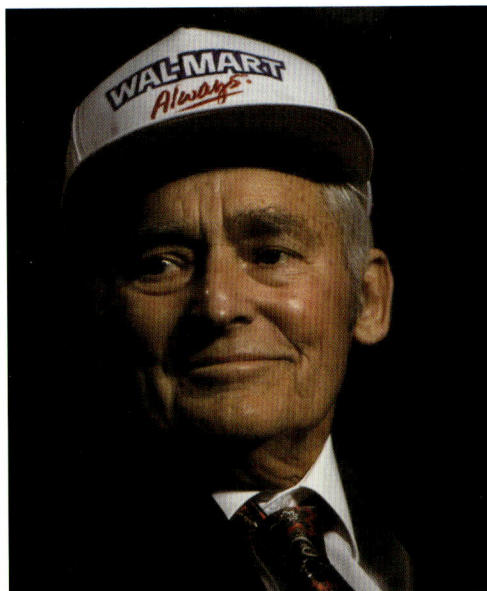

"即使在今天，沃尔玛也在试图将山姆先生朴实的价值观灌输给员工。"

能源
Energy

能源领域一直鲜有重大创新。

——埃德·克鲁克斯

下文所述的两位能源领域先驱都在19世纪开始他们的事业，这并不是巧合。能源行业的变化很是缓慢。工业革命始于18世纪，煤炭发挥了重要推动作用，即使在当今世界，煤炭仍然为世界提供了30%的能源。核电作为最新的真正意义上的新能源，在20世纪50年代才开始进行商业部署。

但这并不是说不可能在能源领域进行创新。过去十年中，能源行业的技术进步——页岩油和天然气的商业开采，可以说比其他任何行业变革带来的全球影响都要大。

能源企业不断取得显著进展，如太阳能和风力发电的成本不断大幅下降，但一直鲜有真正重大的创新。

要想成为能源行业的先驱，需要解决规模问题。一般而言，规模大的发电厂运营效率更高，"成功的实验"与"放大到商业规模的成功"这两者之间存在着巨大的鸿沟。

供职于环境智库突破研究所（Breakthrough Institute）的高级分析师亚历克斯·特伦巴思（Alex Trembath）说道："在实验室实现新能源经济的转型往往会很

困难，我们需要让我们的发现成果能够在市场上获得成功。"

在能源行业，前期所需的资金投入是巨大的，而且能源技术通常需要在系统内互相配合。任何创新都必须能在既有系统内运作，或完全取代原系统。电动汽车就是一个经典的例子。原油通过一个复杂的系统转变为汽车动力，这个系统包括原油开采和提炼、燃油配送和零售，以及内燃机汽车的制造和销售。要改变现有的燃油汽车系统，不仅需要电动汽车，还需要配套的充电站网络。

想要成为能源领域的先驱还面临一个挑战，那就是现有技术的高效性。化石燃料的加工、储存和使用都很便利，化石燃料至今仍然主导着世界的能源体系。若不是因为化石燃料的污染问题，也许大家都不会去寻找替代能源。

此外还有安全问题。如果说创业意味着承担一切风险，那么能源行业就是一个规避风险的行业。能源企业需要管理可燃和挥发性碳氢化合物、高电压和有毒物质或放射性物质，因此能源企业如果不能严格保障安全，就可能引发灾难性事故。

另一个关键问题是可靠性。人们需要自己的汽车在早上能够发动，需要一按开关电灯就能亮。如果创新不能保证这些服务，就会被客户迅速拒绝。

正如能源历史学家和IHS研究公司副董事长丹尼尔·尤金所说："能源行业是不能轻易尝试新事物的。"

21世纪最伟大的能源先驱们正是在上述的这些限制下开创了事业，非常了不起。为了从岩石中提取气体，美国页岩革命之父乔治·米切尔付出了多年时间，因为原有提取方法从商业角度看是不可行的。很多人在提取页岩气的挑战中铩羽而归，但乔治终于在21世纪初取得了成功。

乔治·米切尔的智慧在于没有试图克服那些能源创新中的根本问题。他努力生产一种能够适应现有基础设施的化石燃料。他的团队确实在"尝试新事物"：将水、沙子和化学物质的混合物在高压下注入岩石，使岩石破裂，让气体释放出来。水力压裂或水力劈裂使页岩革命成为可能。2013年离世的乔治·米切尔没有继续拓展业务，而是在2001年以35亿美元（含债务）的价格将公司出售给戴文能源公司，这是他在俄克拉荷马州的对手。

从股东的角度来看，他可能出售得有点太早了，尤其是考虑到如今的美国页岩产业每月可以产生多达数十亿美元的收入。若在页岩行业的控制地位能够达到约翰·D.洛克菲勒在19世纪美国石油行业的控制地位，那将会有多达数千亿美元的财富。

然而，戴文能源公司在水力压裂技术上取得了关键进展，其中包括水平钻井的使用。很明显，如果米切尔没有出售他的业务，那么美国页岩产业的增长不会如此迅速。■

Thomas Edison
托马斯·爱迪生

By Ed Crooks
作者：埃德·克鲁克斯

在大众的记忆中，托马斯·爱迪生是一个伟大的发明家，他发明了电灯、留声机和电影。

然而，作为一位企业先驱，他的伟大在于结构和过程，而不是他发明的产品。他最大的贡献并不是他做了什么，而是他做事情的方法。

包括白炽电灯泡发明在内，爱迪生最著名的发明都得益于前人和后人的发现。通常世界上许多不同的人都在为一个类似的创意而工作。

爱迪生最独特的地方在于他的创意开发、改装、商业化能力，他有专利保护创意的意识，以及创建专业组织将科学进步转化为可行产品的远见卓识。

爱迪生位于新泽西门洛公园的实验室是第一个真正从事研究和开发的现代实验室。

爱迪生在纽约建立了珍珠街发电厂，该厂于1882年开始运转，这并不是世界上第一个发电厂，但却是第一个有着可行商业模式的发电厂。

保罗·伊斯雷尔是爱迪生传记的作者，也是新泽西罗格斯大学爱迪生文献档案馆主任，他说道："爱迪生知道他需要建立起整个电力系统以便让电灯可以真正使用，以前从来没有其他人做到过这点。"

"他所做的是制定商业战略，这是非常关键的，比在实验室里做实验要困难得多。"

爱迪生第一个真正意义上的成功是改进了电报设备，并在1876年建立了门洛公园实验室。让他一举成名的突破是1877年用留声机完成原始录音。他在1880年首次开始销售灯泡。这样的进度让人惊叹。

但在随后的几年里，爱迪生的成功诀窍弃他而去。他错误地支持直流电来对抗他的竞争对手正在开发的交流电系统。竞争对手包括乔治·威斯汀豪斯和尼古拉·特斯拉。

1892年，爱迪生的最大支持者约翰·皮尔庞特·摩根将爱迪生通用电气公司与其竞争对手汤姆森–休斯敦电气公司合并，由此成立了通用电气公司，爱迪生至此渐渐被边缘化。他随后出售了他在通用电气公司的股份，并开始发展其他发明，发明成就参差不齐。

"他是一个非常了不起的创新者和研发企业家"，伊斯雷尔说道，"但随着行业的逐渐成熟及市场的改变，他工作就不是很得心应手了"。

但他仍然配得上企业先驱的声誉，尤其是从他富有创意的创新本身的实践这个角度来说。■

"爱迪生知道他需要建立起整个电力系统以便让电灯可以真正使用。"

John D. Rockefeller
约翰·D. 洛克菲勒

By Ed Crooks
作者：埃德·克鲁克斯

在石油行业中风头最盛的总是那些勇于冒险开采油井的投机分子：这些勘探者冒险进入各个地域，在不知道地下是什么的情况下就开始钻井，等待他们的是成功还是灾难完全取决于他们的技巧和运气。

然而，石油行业历史上最成功的人物之一选择了另辟蹊径。约翰·D.洛克菲勒看不起那些投机分子，自己能做到的事情从来不靠运气。他是美国有史以来最富有的人，他的财富规模之大当然与石油行业的规模相关，他的财富的积累得益于其"稳定连贯、纪律严明、组织得当"这三大几乎单调乏味的优点，还有压制竞争的策略。

在1859年宾夕法尼亚西部第一桶原油生产之后的几年里，石油是一个混乱无序、摇摇欲坠的行业。能源历史学家和IHS研究公司副董事长丹尼尔·尤金说，尽管洛克菲勒当时看到了石油行业的巨大潜力，但他也对这个行业产生了本能的怀疑。

"这是一个非常混乱的行业，他不喜欢混乱"，尤金说。

"石油行业不断经历繁荣到萧条；价格不断上涨又下跌；有人发财有人破产。洛克菲勒从中塑造了一个现代炼油工业。"

像其他少数几个伟大的工业先驱一样，他创造的不仅仅是一个产品或一个公司，而是一个商业运转的模式。

洛克菲勒以克利夫兰一家贸易公司簿记员的身份开始了他的职业生涯，后来还将成功归功于他早期在会计方面的培训。他首先建立了自己的贸易公司，然后在19世纪60年代进入了炼油行业，随后于1870年建立了标准石油公司。

"标准"指的是产品，即用于灯具的煤油。煤油有了稳定的质量，使用起来会更好、更安全。"标准"还指公司本身，这是一个严格的、有条理的组织。

标准石油公司迅速成为这个领域的主导力量。尤金在他的《石油世纪》一书中描述了洛克菲勒是怎样通过一系列交易买断竞争对手的炼油厂，有时也会通过咄咄逼人的竞争来说服对手出售炼油厂。他与运输石油的铁路系统的良好关系也从中助力。

他创建的集团不是一个单一的公司，而是一个托拉斯垄断网络，控制了美国约90%的炼油产能。这种级别的市场支配力诱发了政治攻击，在1911年，标准石油公司被迫进行了分拆重组。

标准石油公司被拆分成很多公司，包括埃克森美孚、雪佛龙和康菲石油公司等这些美国最大的石油公司，以及BP在美国的业务。距标准石油公司成立已经过去145年，而这些拆分公司至今仍在行业内保持着领先地位，这正是洛克菲勒的天才和持久影响力的见证。■

媒体与体育
Media & Sport

适应新技术和定位潜在受众一直是成功的关键。

——马修·加拉罕

从第一本印刷书到报纸、广播、电影、电视和互联网，技术一直推动着媒体行业的进步。媒体行业发展日新月异，这个行业的先驱者们不仅都成功地驾驭了技术为己所用，也都同样有动力、激情、进取心，都愿意承担风险。

媒体行业的先驱有一个共同点，他们都能超越自己一开始所在的行业，利用原有行业作为跳板，赢得额外的甚至更大的成功。

成为媒体行业的开拓者和权威意味着需要知道如何去营销、销售、推销和创造，需要想在消费者和观众之前，并发现什么才是客户感兴趣或喜欢的。

沃尔特·迪士尼就是一个例子。他是一位成就颇丰的插画家和艺术家，成长于电影巨变的时代。默片时代过渡到了有声电影时代；黑白电影发展为彩色电影。由于迪士尼的贡献，动画成为既娱乐又利润极高的故事呈现形式。

迪士尼并没有因为功成名就而止步不前。电视已发展成为一个大众媒体的产业，迪士尼也积极投身到电视产业之中。他还进一步将业务拓展到了物理媒体，在加利福尼亚州建立了第一个现代主题公园——迪士尼乐园，由此打造了迪士尼乐园此后一直沿用的乐园样板。迪士尼乐园所展示的人物和故事激发了游客对乐园和周边商品的兴趣，反之亦然。

当迪士尼在美国创造新的电影艺术形式时，远在澳大利亚的另一位媒体行业先驱继承了他父亲的报纸出版集团，思量着如何将自家报业推向全球舞台。鲁伯特·默多克在澳大利亚长大，从小接触新闻，因为他的父亲曾是战地记者，后来成为报纸出版商。

年轻的默多克在1952年继承公司后，开始收购英国和美国的报纸出版商。和迪士尼一样，他也认识到，进军其他媒体可以大大加快公司的发展速度。20世纪80年代，默多克收购了一家好莱坞电影制片厂，并推出了美国第四家广播网络；1990年，利用天空卫星技术，他把付费电视服务带到了英国，买下了英超足球的独家播放权，将付费电视打造成电视行业的一股力量。

如今各大媒体公司都效仿并采用了默多克的战略。在观众分散的时代，独家体育播放权将持续吸引广告客户和观众。和迪士尼一样，默多克也从周围人那里得到了灵感，如第一个由特德·特纳创办的滚动新闻网络CNN（Cable News Network，美国有线电视新闻网），但默多克在模仿的同时也运用了独特的方法。例如，CNN通过报道第一次海湾战争引领商业电视新闻进入了新时代，虽然默多克在英国运营的天空电视台大量模仿了CNN的风格，但也开辟了自己的道路。

默多克在多个国家拥有报纸产业，将报业变成了全球性行业，报业由此也成为政治和金融势力的代名词。默多克的报纸尤其能够影响和反映大众舆论。例如，工党在1992年英国大选中输给保守党后，默多克的英国《太阳报》在头版头条高调宣称"太阳报赢了"。（《太阳报》力挺保守党，并通过新闻影响了大选的民意——译者注）

也有人试图将金融势力转变为政治力量。迈克尔·布隆伯格建立了世界上最大的私人新闻和金融信息提供商，并利用财富开始了他的政治生涯——他曾任三届纽约市市长。

他早就意识到使用他公司数据终端的交易员、分析师和投资者也对新闻感兴趣，所以他建立了一个规模庞大的全球新闻业务架构，为他的网络提供新闻报道资源。随后他开始了政治生涯，而现在他正在努力重组新闻业务，志在建立一个影响力远超其金融终端的全球性新闻媒体。电视将是彭博新闻的新的战略核心——尽管少部分观众被其他形式的娱乐所吸引而分散，但电视媒体仍然是一股重要力量。

电视媒体的力量还被另外一个人充分利用了。伯尼·埃克尔斯通曾是二手车销售员和F1赛车团队的所有者，他利用电视媒体的强大力量促进了F1赛车运动的发展，使之从一个少数人的运动变为数百万人观看的运动。他与电视公司的交易合作也加强了媒体和体育之间的协同。

同时，在镜头前，没有人比奥普拉·温弗里更能驾驭电视媒体的力量，她通过日间脱口秀节目创建了自己的商业帝国。她能够在早期阶段就预测到观众对什么样的内容感兴趣。

技术发展不断挑战现有的新闻和娱乐传播，下一代媒体和体育先驱也需要拥有类似的适应新技术的能力。■

Bill Bernbach
比尔·伯恩巴克

By Matthew Garrahan
作者：马修·加拉罕

比尔·伯恩巴克是一个富有创造性和远见的人，他颠覆了广告的传统规则，以简单、幽默又高效的方式向广大消费者传递强大又极富说服力的信息。

传统广告讲究数据驱动和定量分析，这种传统广告模式自20世纪40年代和50年代起受到营销行业的广泛欢迎。而作为广告行业最初的"狂人"之一，伯恩巴克打破惯例，几乎不遵循传统的广告模式。他曾经写道："广告的本质是说服，说服不是科学，而是艺术。"

他是这种艺术形式最熟练的实践者。他在1959年为大众甲壳虫汽车创意的"想想小的好处"（Think Small）宣传文案是典型的伯恩巴克风格，他反潮流而行，只提供有限的车辆信息，强调甲壳虫的独特性和高质量。该文案一系列的黑白平面广告在当时产生了巨大影响，1999年《广告时代》杂志将其称为有史以来最好的广告创意。

伯恩巴克的影响广泛而深远，他不仅影响了美国广告业的发源地纽约，更是影响到了英国，他提出的"创意第一"的理念广泛被萨奇广告公司等业界领头羊所采用。

出生于纽约市布朗克斯的伯恩巴克雇用了颇具智慧和创意的广告文案撰稿人。他让文案撰稿人与艺术总监搭档合作，开创双人团队模式的行业先河，这种模式很快成为行业标准。他非常注重幽默和简洁，一直致力于与消费者建立情感联系。

伯恩巴克出生于1911年，1932年毕业于纽约大学。毕业后找到了一个酿酒厂广告部门的工作机会，工作时间虽短暂，但在那里第一次接触了专业营销。

　　他随后在第二次世界大战时期服役，战后曾在几个机构里任职，之后开始创业，与同行内德·多伊尔和马克斯韦尔·戴恩一起开办了公司DDB，于1949年开业。

　　广告业和整个社会在战后经历了巨变，但伯恩巴克成功地在混乱中理出了头绪。他热衷于通信行业，而且只为那些生产他所尊重的产品的客户服务。

　　广告要承担社会责任，他曾写道。他说："我们必须代表社会发挥我们的才能。我们不能只是相信我们营销的东西，我们必须营销我们所相信的。"

　　伯恩巴克于1976年以DDB首席执行官的身份离职，而他已经永远地改变了广告行业。■

Michael Bloomberg
迈克尔·布隆伯格

By Matthew Garrahan
作者：马修·加拉罕

彭博社由迈克尔·布隆伯格于1981年创立，总部位于曼哈顿列克星敦大道，在这里专门有一个角落来展示公司的发展历程。

彭博社的第一批终端设备放在一组毗邻的玻璃柜中陈列，展现了技术的演变及彭博社急剧增长的订阅量。彭博社发展成为新闻和财经信息的全球巨头，这也使它的创始人成为世界上最富有的人物之一。

布隆伯格的公司彭博社珍视并利用实时数据的价值，向世界各地的用户提供信息。这位73岁的前任纽约市市长（曾当选三届）就是通过这种方式创造财富的。

1990年，布隆伯格为彭博社的订阅者开启了新闻服务，聘任《华尔街日报》的马修·温克勒作为第一编辑。布隆伯格认为，客户知道更多时事新闻，拥有更多的实时数据辅助分析，就可以做出更好的投资决策。

布隆伯格的时事新闻和实时数据这两项选择都押对了宝。彭博社的终端成为每个交易大厅的固定装备。与此同时，创始人布隆伯格本人一直保持着对公司的完全控制，抵制住了上市的诱惑，积累了大量个人财富，经《福布斯》测算有350亿美元之巨。

布隆伯格的出身使得他必须通过努力获得成功。布隆伯格来自马萨诸塞州的梅德福，借助贷款才完成了约翰·霍普金斯大学的学业，甚至还当过停车场管理员。

2001年，布隆伯格的公司已经不需要他亲自管理也可以正常运营了，他于是成功竞选担任了纽约市市长。在担任市长期间，布隆伯格通过了数个重要法案，如禁止在公共场所吸烟的法案，后来这条法案逐渐被其他很多国家和城市采纳。

在任职市长期间，他强烈主张出台全新的严格法规以控制枪支犯罪，成为全美枪支协会最有影响力的反对者之一，而全美枪支协会是个强大的游说组织，曾屡次成功抵制了枪支持有权法案的修订。

在布隆伯格作为纽约市市长的第三个任期结束后，他回到了公司并致力于提升其在新闻界的影响力。在他离开公司期间，彭博社收购了《商业周刊》杂志并修改了名称。最近，彭博社将新闻输出都汇集到了一个网站上，与该网站的视听业务相融合。与此同时，彭博社聘用了来自《经济学人》杂志的约翰·麦克斯韦，取代了温克勒作为首席编辑。

彭博社做出的新闻革新是否会成功还有待历史验证。但无论结局如何，彭博社已经为媒体界的竞争者们出了一道难题。■

"迈克尔·布隆伯格抵制住了上市的诱惑，积累了350亿美元的资产。"

Walt & Roy Disney
沃尔特 & 罗伊·迪士尼

By Matthew Garrahan
作者：马修·加拉罕

沃尔特·迪士尼从小就体会到了金钱和努力工作的价值。在他10岁的时候，他家陷入财务困境，被迫卖掉了自家农场。在搬到堪萨斯城之后，少年时代的小沃尔特每天都要半夜三点半起床去帮爸爸送报纸。

如此辛酸的童年却成就了一位天赋异禀的艺术家，同时也造就了一位成功的企业家，沃尔特发明了动画电影，为千万儿童和他们的家庭带来电影及电视节目。正是这位企业家重新定义了现代媒体行业的格局。他和哥哥罗伊创立公司后，罗伊负责公司的财务运营，兄弟二人改变了好莱坞的面貌。

沃尔特早期曾创办欢笑动画公司（Laugh-o-Gram），在其破产之后，他搬去了加利福尼亚，而罗伊也已经在那里，兄弟二人在叔叔的车库里成立了一个小型工作室。沃尔特热爱故事。1955年他和罗伊建成了迪士尼乐园。他以年少时居住过的密西西比州小镇马塞林为蓝本，修筑了迪士尼乐园的主要大道。沃尔特十分感性，至少在他的作品中完全没有愤世嫉俗的情节出现。

沃尔特也乐于尝试新技术，创造了"多平面"摄影机以拍摄《白雪公主与七个小矮人》，这部动画片也是第一部纯靠手绘的动画片，即用多层图片置于垂直摄影机镜头前，从而制造出景深和运动的效果。

沃尔特意识到他需要创造出扣人心弦的故事情节才能让自己的动画作品出类拔萃，因此他将羽翼渐丰的公司划分成动画制作和故事编辑两个事业部，以集中精力创作出最精彩的故事。同时他也认识到公司需要继续发展和投资，因此他把从电影《白雪公主》中获得的利润投入到加利福尼亚州伯班克，在那里建立了全美第一所大规模的动画工作室。

在接下来的几年中，迪士尼获得了诸多舆论好评，商业成功接踵而来。沃尔特也是电视营销的早期倡导者，他通过在美国广播公司（American Broadcasting Corporation，ABC）电视网络每周播出的电视节目宣传他的迪士尼乐园和动画片，而几年之后美国广播公司也成为迪士尼帝国的一部分。

多年以来，诸多好莱坞公司都试图模仿迪士尼模式，同时很多公司也想利用迪士尼的品牌效应。迪士尼这一品牌仍然是全球最受欢迎和受人尊敬的品牌之一。■

沃尔特·迪士尼

Bernie Ecclestone
伯尼·埃克尔斯通

By Roger Blitz
作者：罗杰·布利茨

人们有许多理由对伯尼·埃克尔斯通嗤之以鼻，甚至感到恐惧。他赞扬希特勒，崇拜普京，轻视女性，多年深受贪污指控的困扰并与之对抗。然而，就是这样一个人从20世纪70年代就开始执掌F1赛车联盟。

纵观今天的F1，它汇集了让人亢奋的噪声、惊险的刺激、百万身价的车手和他们的服务团队及众多名人的追捧，人们往往以为拥有了这些元素，F1从开始就注定将成为一项风靡全球的运动。但事实远非如此。F1繁荣兴盛的背后，是伯尼经过一系列的努力付出才把F1从一个业余的消遣活动变成了令人震撼的创造财富的商业帝国。伯尼付出的努力包括摆平车队与F1赛车监管部门的斗争，说服疑虑重重的赞助商提供赞助，以及软磨硬泡说服政府修建豪华的赛车道等。

伯尼的成就源于其对努力工作和赚取金钱这两件事的执迷。在少年时代，也就是第二次世界大战时期，他曾经向同学售卖当地烘焙店里的过期面包来赚钱。

伯尼曾经在伦敦卖过二手车，并且组织这些车进行赛车比赛，之后他又买了一个赛车队。F1赛车在20世纪70年代还仅仅局限于一些欧洲的赛车爱好者。当这些人还在为一些细小的问题争论时，伯尼已经着眼于更广阔的发展蓝图，包括电视转播权、赞助商、全球化发展及保持舆论关注度的各种赛车事件和争议话题。在执掌F1早期，在投资方还在为是否能收回投资忐忑不安的时候，他就承担风险支付了车队差旅的费用。

　　他在成功之路上遇到很多人的阻碍，但是精明的他通过与当时国际赛车联盟的主席麦克斯·莫斯利联手，巧妙地打压了对手。

　　伯尼的这些策略属于那个靠点头和眼色主导商业行为的时代。时至今日，他仍然认为与新的赛事运营商合作时，"埃克尔斯通式的握手"比签订合同更可靠。

　　他不追求赛车所带来的荣誉，对于他来说，参与F1锦标赛的唯一目的就是做生意，因此他很少观看或参与赛车运动本身。

现在伯尼年届84岁的高龄，但身体依然康健。很多人在预测他什么时候退休，甚至有些人已经着手安排。然而他依然掌管着这项主要由他所开创的运动。这或许不符合F1的利益，但他给F1留下的现实遗产就是，没有他就没有F1。■

"对伯尼·埃克尔斯通而言，参与赛车锦标赛的唯一目的就是做生意。"

Rupert Murdoch
鲁伯特·默多克

By Matthew Garrahan
作者：马修·加拉罕

四年时间可以改变很多事情。2011年，电话窃听丑闻被曝光后，鲁伯特·默多克深陷其中。正如他向议会委员会申诉的那样，他麾下的英国小报因为这种不道德行为遭受了一波又一波猛烈的指控，他作为媒体大亨的权威也大大受挫。

默多克的事业发展跨度超过半个世纪，而窃听事件迫使他关停了旗下的《世界新闻报》，这是他事业发展周期的低谷。然而最近这几年，默多克的事业发展势头又有所回升。

2013年默多克将新闻集团分拆成了两个公司：一个从事印刷和出版业务；另一个是从事娱乐业务的集团，由默多克旗下的美国电视网、有线电视网和电影工作室组成。此举可谓颇为大胆。现在这两家公司的市值远远高于未拆分之前公司的市值。投资者反馈也很正面，因为现在投资者可以自由选择投资高增长的电视和电影娱乐业务或是投资低增长的报纸业务。

2014年夏天，默多克旗下的娱乐集团21世纪福克斯开价710亿美元欲收购时代华纳媒体集团，这一举措让那些对他的回归和改革的质疑也消失了。这一收购事件并没有持续很长时间，时代华纳管理层充满敌意，福克斯最终放弃了收购的意图，但这显示了默多克并没有丧失对冒险和刺激的渴望。

这正是他职业生涯的写照。1952年，他从父亲那里继承了澳大利亚的新闻报

业后，开始大张旗鼓整合全球的新闻出版业，包括在英国购买《太阳报》《泰晤士报》《星期日泰晤士报》，以将自己打造成一支强有力的政治力量——对政府和首相具有较强的话语权。

默多克的事业发展之路有许多关键时刻，1989年开播的天空电视台成为在英国具有主导地位的卫星电视频道。最近，德国天空电视台和意大利天空电视台合并，由此成为一家泛欧洲的付费电视台。

默多克在1996年开播福克斯新闻电视频道。当时，没有人觉得他能撼动时代华纳旗下的CNN的地位，但福克斯新闻台将新闻和观点有机结合，赢得了美国政治核心的共鸣，十年前就超越了CNN。

默多克轻而易举地搞定了当权者。无论是最初对这个澳大利亚暴发户嗤之以鼻的英国政界，还是美国媒体界——在默多克进入美国市场后，大家都要适应更加激烈的竞争。

默多克已不再年轻。但在84岁的高龄，他仍然精力充沛，并向那些怀疑他的人证明他们错了。■

Ted Turner
泰德·特纳

By Ravi Mattu
作者：拉维·马图

在"颠覆者"尚未成为描述企业家的流行词之前，泰德·特纳就是一个颠覆者的形象。他在1980年6月1日所创建的CNN是世界上第一个24小时滚动播出新闻的电视频道。CNN也是特纳最出名的业务。但他的媒体帝国的故事早在CNN创建之前20年就开始了，而且这个帝国的根基是他两个关键的判断。

第一个关键判断发生在1970年，当时特纳买下了第一个电视台，那是一家亚特兰大当地的电视频道，此后就着手组建全国网络。在家庭票房（Home Box Office，HBO）这家收取月付费的有线电视台崛起后，特纳意识到他能够通过卫星在全国范围内传输电视节目信号，由此绕开依靠传统的电视塔的传统的广播行业发展。

当建好电视网络后，就需要有充实的内容进行播出。这时特纳做出了第二个关键判断。有线电视网需要电视节目充实档期安排，特纳意识到体育节目能够吸引观众和广告商。于是在1976年，他以1000万美元买下了亚特兰大勇士篮球队。

到1980年，特纳已经十分成功和富有。同时他还更多地参与了政治事务，也是在这个背景下他决定开播CNN。

最初CNN主要关注国内新闻，但特纳受邀在古巴访问菲德尔·卡斯特罗后，CNN开始转变。这位古巴领导人通过佛罗里达州的电视信号观看CNN，他建议特纳将CNN推向全球。1982年CNN开始在亚洲播出，三年之后开始在欧洲播出。

CNN的重大机遇来自1990年8月的第一次海湾战争。战争期间，CNN在巴格达

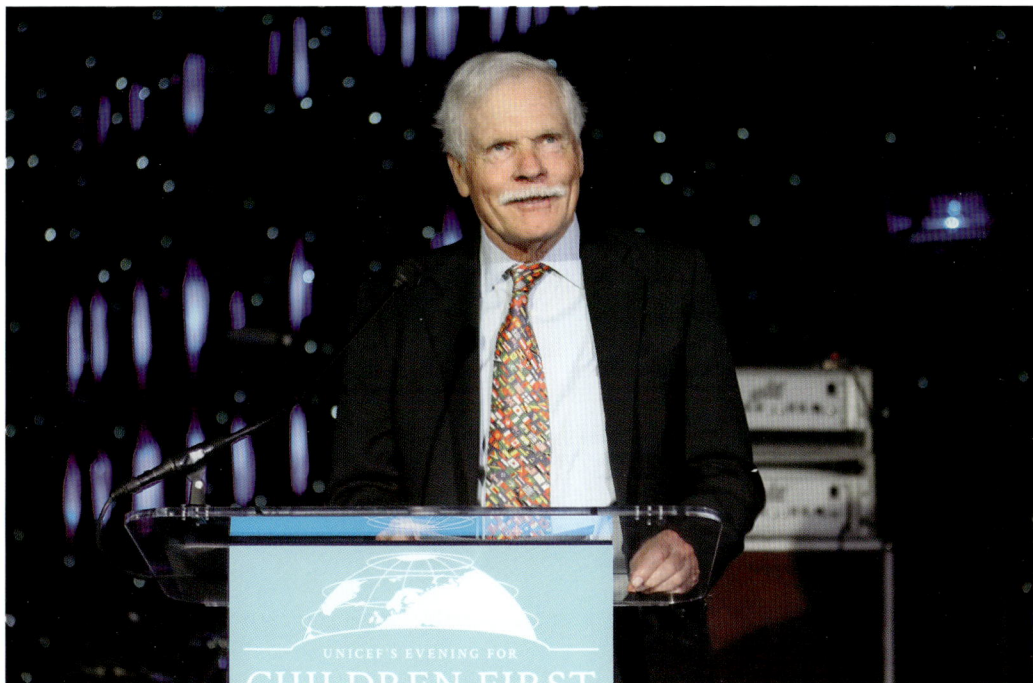

每天24小时持续播报，而当时很多其他电视台都已经撤离巴格达了。当然，对技术的高明投资也是关键。CNN购买了便携式卫星系统，这样即使伊拉克电信系统被西方军队导弹摧毁，CNN仍然能播送节目。CNN和特纳赢得了喝彩。

特纳如今已经不再介入业务了。1996年，特纳广播公司与时代华纳合并，之后在2000年，合并后的企业又被互联网公司美国在线（American Online，AOL）收购。这位CNN的创始人并没有出现在新任的管理层中。

尽管已经淡出企业界，他仍然比他同时代的人物更具远见卓识。在1997年，特纳就表示他将捐出10亿美元给联合国，比比尔·盖茨等亿万富翁承诺捐出大笔财产并付出大量时间给公益慈善事业早了很多年。

在慈善事业和商业开拓方面，特纳都是先驱。■

"菲德尔·卡斯特罗鼓励泰德·特纳将CNN推向国际市场。"

Oparah Winfrey
奥普拉 · 温弗里

By Andrew Edgecliffe-Johnson
作者：安德鲁·艾奇克里夫-约翰逊

在过去近30年的时间，奥普拉·温弗里被媒体界称为"先驱"。1986年，《华盛顿邮报》给她贴上了"新黑人女性"的标签，她"融入了美国经济和社会主流，而之前很少有黑人能够做到，她的出现有利于扩大和重新定义这个国家女性的角色，同时也颠覆了一些关于种族和性别的刻板印象"。

那一年，这个来自密西西比州科修克斯乡下的年轻女孩，在芝加哥广播电视台小试牛刀后，就去主持一档全国性的电视节目。没过多久，她就将这档节目打造成了全美最大的脱口秀节目。

她不是白人，也不是男性，没有骨感的身姿，也没有美国沿海的媒体中心城市的经历，这样的过往使她成为一直缺乏媒体关注的观众群体的励志典范，甚至在她积累了经《福布斯》杂志估测的30亿美元财富之后，仍然能引起这些观众的共鸣。

这些观众追随着她从白天的电视节目到广播电台、赫斯特合资的杂志公司、电影、网站、手机应用，以及在2011年奥普拉·温弗里脱口秀停播以后由探索频道运营的奥普拉·温弗里有线电视网（Oprah Winfrey Network，OWN）。她曾经是少女播音员，如今已经成为媒体大佬（大多数是男性）齐聚的太阳谷峰会的常客，现在星巴克还销售一款印有奥普拉形象的茶饮。

温弗里感人的访谈及她"活出最好的自己"的宣言，为媒体业开创了一个更加自白式的、自我中心式的新时代，同时她通过代入式访谈，在屏幕前分享私密的问题，给观众带去振奋和力量。有些时候，她也分享自己的问题——她是不一样的明星，粉丝把她捧上神坛，她却总是走下神坛。

要准确判断一个人是否是先驱，是否有影响力，要看有谁追随他的脚步。我们越来越清楚地看到，温弗里引领了名人作为跨媒体、跨受众的商业品牌的概念，她既可以推销茶饮，也可以推荐励志小说。

数字时代动摇了电台收听率、杂志发行量及电视收视率等衡量受欢迎度的指标，但包装名人的业务在持续增长，而且比之前更加利润丰厚，营销人员也为此趋之若鹜。在奥普拉的整个职业生涯期间，在媒体行业，没有比包装名人的业务增长持续性更好的业务了。而在所有名人中，奥普拉·温弗里是最成功的一位。

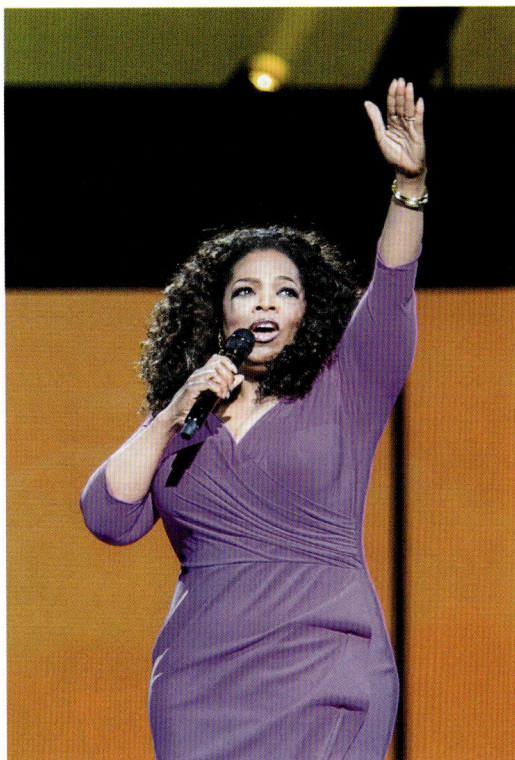

"温弗里感人的访谈节目为媒体行业的发展开创了全新时代。"

交通
Transport

改变世界的往往不是技术发明家，而是懂得利用技术发明的人。

——罗伯特·怀特

　　一提起交通行业历史上伟大的创新者们，人们往往会想起那些有显著成就的天才，如维多利亚时代的工程师伊桑巴德·金德姆·布鲁内尔。他的父亲负责了世界首个通航水道下的隧道——塔玛斯隧道，布鲁内尔在项目中初次展现出工程天赋，后来他又设计了那个时代最好的铁路——大西方铁路，以及第一艘用螺旋桨推进的蒸汽动力铁船。

　　虽然布鲁内尔和喷气式飞机发动机发明者之一弗兰克·惠特儿爵士这些人创造了引人瞩目的全新事物，但改变世界的并不是他们，反而是由那些专注的人士缔造了交通行业历史上的真正转折点。他们或专注于成本和效率，或专注于提高产品对消费者的吸引力，他们有的充满魅力，有的则沉闷乏味，如通用汽车历史上的关键人物阿尔弗雷德·P. 斯隆。

　　集装箱运输系统的发明者马尔康·麦克莱恩就是一个杰出的代表。他认识到集装箱的发展潜力并不是因为他是运输专家，而是因为他对降低商品运输成本很感兴趣。据说他在卡车上等待码头工人卸载羊毛时灵机一动，意识到如果码头工人能把他卡车拉货的货厢整体拿走放到船上而不是卸下货厢里的产品，运输会变得更加方便。

麦克莱恩并没有特别发明——集装箱毕竟不是一项突破性技术——但是他慧眼识局，洞察到了集装箱应用的潜在的巨大空间。

"我不认为是技术发明者真正推广了科技的应用"，英国的交通运输业作家和历史学家克里斯蒂安·沃尔马这样评论道。他举了乔治·史蒂文森这位英国工程师的例子作为最典型的证明，史蒂文森和他的儿子罗伯特向世界各地输出了早期的铁路建设技术。与发明了第一台蒸汽机车的康沃尔采矿工程师理查德·特里维西克不同，史蒂文森父子既没有发明蒸汽机车也没有发明铁路运输系统，但是这对父子之所以为人们所铭记是因为他们设计了足够高效和可靠的系统，明显比当时所有的交通运输模式更为优越。

"概括来说，是那些善于利用（已经存在的）技术的人真正推广了技术的应用"，沃尔马说。"特里维西克发明了第一台在铁轨上行驶的蒸汽机车，但是他没有进一步改善蒸汽机车，其他人将它改善并推广了。"

交通行业的其他创新者们都在努力应对相似的挑战。所有的运输工具都需要轻巧、可靠、高效的发动机，以使交通工具作为一个整体能够更高效地运输人和物。交通工具既要足够轻巧，使发动机能带动；也要足够结实，禁得起运动中的冲击。

相较于特里维西克，史蒂文森父子的优势就在于他们设计了一套连杆和阀门系统，只消耗驱动机车的蒸汽动力的一部分，并且消耗的这部分动力是在可接受范围之内的，而且他们所使用的熟铁铁轨的耐磨损性比特里维西克所使用的生铁铁轨更为优越。

早期的汽车研发者——包括卡尔·本兹，一位成功的商业旷世奇才——也曾面临相似的问题：如何研发足够高效的内燃机和传动装置将能量传递到车轮上。莱特兄弟致力于研制以动力驱动的飞机，他们专注于升力最大化、阻力最小化，并制造出了有效的机械控制系统。

取得技术突破之后，人们面临的挑战就是如何降低交通工具的生产成本，使之进入大众市场——亨利·福特的流水生产线、阿尔弗雷德·斯隆在通用汽车运用的企业管理策略、赫伯·凯莱赫在西南航空公司删繁就简的措施都是很好的例子。

沃尔马指出，一些尚未取得突破的技术也留下了有益的经验教训。几十年来，磁悬浮列车一直被称为"未来技术"，至今钢轮在钢轨上运行的效率和成本之间的平衡问题仍未得到解决；电动汽车还受制于电池重量问题；太空探索在安全性、可靠性和能源效率方面还有待突破。

很多公司致力于应对这些挑战。然而，交通行业这些棘手的挑战的解决方案很可能来自大家意想不到的公司。一个新的"马尔康·麦克莱恩"会坐在卡车上，为居高不下的运输成本而懊恼，随之有了运输货物的新想法。像很多过去的"新想法"一样，这个新想法会带来巨大影响，大家会惊讶于之前怎么没想到。■

Thomas Cook
托马斯·库克

By Roger Blitz
作者：罗杰·布里茨

托马斯·库克成功的秘诀可以归结为三个因素：长寿，有一个和他一样执着的儿子，以及营销的技巧。

托马斯·库克于1892年去世，享年83岁。在他有生之年，他花了半个世纪的时间，通过多样化的交通方式及旅程乐趣向英国公众宣扬旅行带来的好处。早期主要是为禁酒组织成员安排英国中部城镇之间短期火车旅行，后来发展到乘坐异国风情的轮船的全球旅游，库克给西方文明留下了不可磨灭的印记——至少对于富人来说如此。

库克当过木工学徒，也当过传教士，正是传教士的职业使他学会了一门非常有用的技巧——如何传递信息。小册子就是他的工具——类似于那个时代的谷歌。当他组织第一个大型商业性活动时——从莱斯特到利物浦的铁路旅行——他殚精竭虑地研究了这次行程，并发给每位旅游者一本旅游手册。

库克不仅拓宽了自己的眼界，也使客户大开眼界。不列颠群岛很快就遍布了他们的足迹。1851年的万国工业博览会使他在国内声名鹊起——他组织了数千人从英国中部和北部来到伦敦参加博览会。

库克开发了横贯英吉利海峡到欧洲大陆的环线旅游，旅客能够在归途中领略到和去程不同的风景。日记作家为他的探险之旅做宣传，旅馆老板同意接受旅客用"礼券"支付食宿费用，金融商行允许库克的客户们用"流通券"——旅行支票的前身——兑换当地货币。

所有的这一切创新突破需要后台有专人来经营业务，这个任务落在他的儿子约翰·梅森·库克身上，他当时在卢德门当地办事处负责日常经营。父亲是理想主义者，儿子是头脑冷静的生意人，他们常常争吵。

1872年至1873年的世界之旅（该旅行为期三个月，乘坐P＆O轮船一等舱到孟买、加尔各答、大吉岭、德里和拉合尔，价格为1137英镑），使托马斯·库克迎来事业鼎盛期，库克的公司在印度声名显赫起来，同时库克作为雄心勃勃的先驱，其探索精神和探险精神得到了全球认可。■

Herb Kelleher

赫伯·凯莱赫

By Robert Wright
作者：罗伯特·赖特

1967年，赫伯·凯莱赫坐在得克萨斯州圣安东尼奥的一家酒吧，看着他的朋友罗林·金在鸡尾酒餐巾上绘制的地图，作了一个决定：两个人将根据金所绘制的航线网络图成立一家真正的有运营业务的航空公司。

近50年来，西南航空公司的航线横贯美国大陆和加勒比海。更重要的是，这个在酒吧里草拟出来的创意引起了欧洲和亚洲航空公司的争相效仿，而且几乎完成了所有航空公司自莱特兄弟将飞行带给普罗大众以来所做的事。

西南航空公司的创新很大程度上是摒弃不必要的东西。其他大航空公司一般致力于通过复杂的"中心辐射式"装置提供全面服务。相反地，凯莱赫的西南航空公司通常在交通流量较大的两地之间设置航线，而且往往使用较小的机场，而非大型区域枢纽机场。西南航空还选择不提供复杂的机上餐饮服务和多等级的舱位。因此，它的飞机在地面上花的时间比对手少，并且比对手更努力。以上种种因素让西南航空公司的票价能够比竞争对手低得多。

与马尔康·麦克莱恩和他的集装箱航运一样，凯莱赫的想法在一定程度上也反映了规避政策法规的愿望。西南航空公司最初仅在得克萨斯州运营，以规避联邦法规，在1971年开始正式成立之前，它还花了一年时间来应对来自竞争对手的法律诉讼问题。

然而，如果不是在1978年出台的放松航空管制的法案——该法案废除了联邦政府在确定票价和航线方面的作用，西南航空公司是不可能成功的。

凯莱赫的玩世不恭为效仿者们如爱尔兰的瑞安航空设定了基调。他在84岁高龄时还继续吸烟、喝酒，搞噱头以吸引人眼球。1992年，在与另一家航空公司就广告宣传标语的所有权发生争执时，凯莱赫竟然同意通过掰手腕比赛来解决这个问题，而不是上法庭。

在航空这个周期性很强的行业中，西南航空公司在过去42年里年年都盈利。 ■

"凯莱赫的玩世不恭为效仿者们
如爱尔兰的瑞安航空设定了基调。"

Malcom Mclean

马尔康·麦克莱恩

By Robert Wright
作者：罗伯特·赖特

1956年4月，当马尔康·麦克莱恩在新泽西州纽瓦克看到58个集装箱被装载到改装后的"理想X号"油轮上时，他可能没想到在未来60年里，他的创新将改变全球运输业的状况。根据马克·莱文森的集装箱运输史《集装箱改变世界》一书记载，麦克莱恩，这位来自北卡罗来纳州的卡车司机，只是试图用集装箱来降低居高不下的卡车运输成本，美国当时对卡车运输业的监管颇为严格。"理想X号"也成功地做到了这点——据说这艘船载58个集装箱到得克萨斯州的休斯敦的运输成本与陆运1个集装箱的成本相同。

然而，麦克莱恩的集装箱改变了世界各地货物运输的经济性，从而也改变了经济地理格局。由于集装箱的装载速度远远超过大多数传统散装货物，所以使用比之前大得多的船舶很快成为现实，获得了巨大的规模经济效益，而且需要雇佣的码头工人也比之前少得多。

如今，最大的集装箱运货船可以装载20 000个标准集装箱（20英尺当量），港口可以快速高效地从船上卸下大量货物，并把集装箱装到卡车上完成运输，与此同时，港口运营商可将其他集装箱装到船上。

麦克莱恩的创新使运输成本大幅下降，使得在过去的30年中，工业化国家的制造业纷纷部署到中国和亚洲其他国家，促进了这些国家的经济发展。麦克莱恩创办的"海陆服务公司"促进制造业外迁的萌芽和发展，公司中标了一份合同——为越南的美国军队提供补给运输，船只在返回美国的途中，会将空集装箱放在日本，带动了日本出口经济的繁荣。

麦克莱恩也犯过错误。20世纪70年代初，海陆服务公司斥巨资投资超级快速船舶。但1973年石油危机之后，使用这种船舶变得非常不合算。另一个创新——大型船舶配置小型、经济型的发动机也因为船舶动力不足宣告失败。但他在货物运输方面的根本性创新——集装箱，虽然简单但却依然是非常有影响力的。■

制药
Pharmaceutical

制药公司为人类作出了巨大的贡献。

——安德鲁·沃德

如果根据各行业对人类的贡献进行排名，制药行业一定会名列前茅。

制药行业并非是完美无缺的。但在过去一个世纪中，从最早的止痛药和抗生素到最新的癌症治疗取得的突破，制药公司在延长人类的寿命和提高生活质量上都发挥了核心作用。

今天，与石油行业和技术行业一起，规模巨大的制药行业也已跻身于世界上最大的行业之列。

那么为什么这样一个重要的行业在我们的商业先锋名单中只有一位代表？这在一定程度上告诉我们，真正的开拓者通常是研发药物的科学家，而不是销售药物的高管。

因此，发现青霉素的苏格兰生物学家亚历山大·弗莱明，以及研制出一些早期疫苗的法国人路易斯·巴斯德，比创立了辉瑞制药公司的查尔斯·普菲策尔和查尔斯·埃尔哈特这对堂兄弟更容易被人们记住。查尔斯兄弟于1849年贷款2500美元成立了辉瑞制药，现在辉瑞制药是世界上销量最大的制药企业。

唯一一位入选我们50名企业先驱的制药企业家是亨利·威康，他是葛兰素史克公司的前身——宝来威康公司的联合创始人之一，他将科学研究与营销和品牌推广的创新方法相结合，为现代跨国制药公司商业模式的确立做出了贡献。

还有一个类似的例子，就是费城的药剂师约翰和弗兰克·韦思。在美国内战期间，他们向联邦军队供应药品，由此建立了美国最早的制药巨头之一——惠氏公司。

更早的先驱者是弗里德里希·雅各布·默克，他于1668年在德国达姆施塔特收购了一家药店，奠定了今天带有"默克"名称的美国和德国制药公司的根基。20世纪70年代，生物化学家赫伯·玻伊尔和风险资本家罗伯特·斯万森创立了基因泰克公司，为当今蓬勃发展的生物技术行业铺平了道路。2009年，罗氏以468亿美元收购该公司，这标志着这家大型制药公司的研究重心逐渐从化学药转向更为复杂的生物疗法。

基因泰克的长期首席执行官阿特·莱文森如今如何？他现在是苹果公司的董事长，也是谷歌资助的生物技术公司——Calico的首席执行官，Calico专门研究与年龄相关的疾病。他处于医疗保健领域最新趋势之一的前沿阵地：运用数字技术和大数据的潜力，开辟新的方法来监测人们的健康状况，识别各种模式以发现新的疗法或疾病预防方法。

但是，作为制药公司的旗手，亨利·威康是理想的人选。他在美国西部威斯康星州长大，后来成为英国商业和科研行业的栋梁之材，威康的故事非常精彩又非常出人意料。在他过世后的近80年里，他的成就对社会的影响不仅仅限于葛兰素史克，他的惠康信托也影响深远。他安排过世后成立惠康信托，资助医学研究。如今，惠康信托每年对科学领域投资7亿多英镑，最近还成为为埃博拉病毒寻找疫苗或疗法的全球力量的核心。制药行业以延长人类寿命为使命，但时常出现伦理丑闻，而威康代表了制药行业中更为积极的一面。■

Henry Wellcome
亨利·威康

By Andrew Ward
作者：安德鲁·沃德

　　亨利·威康于1853年出生在威斯康星州北部的一个小木屋里。82年后，亨利爵士在伦敦去世，他留下的遗产如今依然富有影响力。他是制药行业的先驱，在十几岁的时候开始接触制药，当时他在叔叔的药店工作，学会了制药。

　　在做了一段时间的旅行药品推销员后，他穿过大西洋与既是朋友又是同事的药剂师塞拉斯·伯勒斯合作，将美国药品进口到欧洲。他们成立了自己的研究实验室，致力于为制药新兴行业树立科学可信度，而当时制药行业因庸医骗术而臭名昭著。他们的宝来威康公司是当今英国最大的制药公司——葛兰素史克公司的前身。

　　亨利爵士用他的遗产成立了惠康信托。惠康信托是继比尔和梅林达·盖茨基金会之后的世界第二大医学研究投资者，拥有180亿英镑的捐赠。亨利爵士的另一个遗产是地处伦敦的威康收藏馆，亨利爵士对随身用品的收集很感兴趣，于是建立了博物馆，其收藏品包括拿破仑的牙刷到古代性辅助工具。而亨利爵士的骨灰却遗失在这些囤积的文物里长达几十年，直到1987年被发现后，才被安葬在圣保罗大教堂里。■

工业
Industry

最伟大的创新者的创意应当可以进行跨行业应用。

——佩吉·霍林格

当被问到他心目中的工业英雄是谁时，英国半导体产业之父赫尔曼·豪泽爵士的回答不是亨利·福特、安德鲁·卡耐基等工业界翘楚。相反，对这位创立了Acorn计算机公司并被英国政府聘用帮助复兴产业化创新的人而言，工业英雄是那些致力于将计算机应用于制造业的数学家和计算机科学家。

"那些智慧超群的人，如阿兰·图灵或莫里斯·威尔克斯，为我们现在所做的一切奠定了基础"，他说。

同样，他的回答也可能是查尔斯·巴贝奇或詹姆斯·瓦特。查尔斯在19世纪提出了可编程计算机的概念；而詹姆斯·瓦特改进了蒸汽机设计，给制造业带来了变革。厘选一个只有50位企业先驱的清单的困难在于：他们的成就都建立在前几代那些意志同样坚定、勇于创新的先驱所做的工作之上。

大家经常认为是亨利·福特发明了流水线作业，降低了成本，减少了工人受伤事故，同时提高了生产率和产量。但是，和瓦特一样，他只是改良了一个已经存在了100多年的想法而已。然而，随着20世纪技术和通信的发展，他的成功被各行各业效仿，其规模之大前所未有。

　　和福特一样，对技术应用进行改良的人给人类的生活、工作和消费方式带来的影响是不可否认的。这些先驱者"让批量生产更容易，通过全球强大的分销手段和通信网络使得营销变得更容易"。英国实业家WMG创始人、华威大学顾问巴特查里亚爵士在一次演讲中说道："这些变革带来了工厂、城市化、新的交通系统，让'生产者'一词的意义从工匠变为劳动者。最终，这些变革创造了大众市场。"

　　这些变革还带来了巨大的经济财富。即使在制造业工作机会大幅减少的情况下，制造业的薪资仍普遍高于低技能服务业。

　　不同于19世纪，在20世纪，许多变革是由更好的生产组织方式的发起人带来的，而不是由工具或机器的发明者所发起的。

　　大野耐一被认为是精益制造的创始人。精益制造也被称为丰田生产系统的哲学，帮助日本丰田汽车公司在第二次世界大战后得以生存。精益制造旨在杜绝生产过程中的任何浪费——从工人工作流程到原材料的供应和使用。大野耐一设计的精益制造原则的部分理论基础是亨利·福特1926年出版的书籍《今天和明天》中的理论和美国超市采取的方法，现在精益制造已经成为世界级工业公司及其供应链管理

的普遍做法。

赫尔曼·豪泽同时还提到了安谋国际科技公司（Arm Holdings）的创始人萨克斯比爵士。全球95%的智能手机都使用安谋公司的芯片。萨克斯比爵士的天才之处在于，他意识到芯片公司可以有一种新的商业模式，不同于传统的生成加销售的方法。豪泽说："安谋公司不销售芯片——它将芯片生产许可权（设计）卖给350家芯片公司，这些芯片公司彼此竞争，让安谋占领了微处理器市场的主导地位。"

世界正处于新的工业革命的边缘——制造业以网络为基础，从生产流程到客户体验都会产生数据，客户体验数据反馈后又能进一步改善生产流程。这将开辟新的途径来为更多的顾客量身定制价格实惠的商品。在亨利·福特的时代，为了降低成本，消费者只能买到流行色的商品。但现在，通过智能系统，制造商能够提前了解消费者的需求，制造业正在进入全民定制时代。巴特查理亚列举了印度塔塔集团控股的英国汽车制造商捷豹路虎的例子。利用社交媒体，捷豹路虎将每辆汽车的营销成本降低了70%。

这场新的革命将会孕育新的工业先驱，他们可能不是传统的实业家。

汉明·布罗民克曾是一位政治家，现在负责荷兰政府的战略部署，以应对下一阶段工业发展可能带来的劳动力、教育和社会挑战。她说："下一代创新者不会是一个大公司，而将会是一个有想法后在自家车库创业的人。"

在某种程度上，此时又回归到创新的黄金时代，那时像本杰明·亨茨曼这样卑微的锁匠也可以发明新的方法来制造钢铁，开启了19世纪的工业时代。现在，例如，患有心脏疾病的工程师可以使用互联网、社交网络和先进制造技术（如3D打印）带来的各种可能性，为自己的疾病寻求新的治疗方案。

伊隆·马斯克成立了太空探索技术公司（SpaceX），此举挑战了强大的航空航天和国防公司。SpaceX希望生产可商业化的、可再利用的空间发射装置来开发火箭技术。据报道，该公司的前副总裁吉姆·坎特雷尔这样评价过马斯克："他能用10亿美元完成美国航空航天局用270亿美元也做不了的事。"

正是这些人将会改变工业的未来。在火箭技术开发过程中所积累的知识将被应用到其他行业——正如福特自己的成功经验被其他行业所吸收和模仿一样。这一路上会出现失败案例，但是正如马斯克告诉《新科学家》杂志的那样："一次失败的尝试不会使更伟大的目标失去价值。如果是这样，灯泡就不会被发明了。"■

Marvin Bower
马文·鲍尔

By Andrew Hill
作者：安德鲁·希尔

很少有管理顾问配得上"先驱"这个称号。在前面带路根本就不是顾问的风格，更适当的做法——或者愤世者说更安全的做法——是给企业客户提供工具，让企业利用这些工具来开辟一片新天地。

波士顿咨询公司的创始人布鲁斯·亨德森在制定策略的方式上做出的贡献确实值得一提，但波士顿咨询公司仅成立于1963年。那时，马文·鲍尔已经将麦肯锡打造成现代管理咨询公司的模板，创建了我们现在所熟悉的咨询行业。

达夫·麦克唐纳在《公司》一书中是这样描写麦肯锡公司的："鲍尔一直致力于确保他和他的同事不会被当作企业寄生虫看待，并能像其他20世纪早期的专业人士（如医生、律师、工程师和牧师）一样得到尊重。"

1937年，麦肯锡集团的官方创始人詹姆斯·麦肯锡突然身亡。此时如果不是鲍尔站出来主持大局，麦肯锡很有可能只会成为商业史书中的一个脚注。当时该集团一分为二：其中一个保留麦肯锡的名字，由鲍尔担任总裁，另一个成为后来的科尔尼公司。

鲍尔的成就之一就是提高了麦肯锡的顾问们在企业中的地位，让他们成为高管的可信顾问。他故意摒弃了麦肯锡公司最初的集团理念，即以"管理工程师"的身份被美国各大公司雇佣，解决他们面临的低层次挑战。如同鲍尔职业生涯的起点——法律行业一样，原来的麦肯锡只能接业务，而不能做商业，只会有委托人，而没有客户。鲍尔还运用许多技术，帮助麦肯锡公司和其他顾问成为赚钱的高手。

但鲍尔也为麦肯锡集团制定了一系列的原则。这些原则装裱后至今仍悬挂在麦肯锡办公室的墙上，提示集团的宗旨和价值观，包括"把委托人的利益放在公司利益之前；遵守高层次道德标准；维护客户信心"等。2011年麦肯锡卷入内幕交易丑闻，令咨询行业非常震惊，原因之一就是内幕交易违反了这些原则，最后以顾磊杰被定罪而告终。当时的顾磊杰和鲍尔一样，已经升职为该公司的高管。

鲍尔于2003年去世，享年99岁。他的长寿——以及他在退休后对麦肯锡的影响力——巩固了他作为咨询界灵魂人物的声誉。不仅如此，他将严谨的作风带给了整个咨询行业和咨询公司的客户，对整个商界都产生了一定影响。■

"鲍尔使麦肯锡顾问公司成为高管的可信顾问。"

Richard Branson

理查德·布兰森

By Sarah Gordon
作者：莎拉·戈登

　　理查德·布兰森爵士经常出现在英国最成功的商人或最励志的企业家榜单上。他以敢于挑战现状而闻名，主要是因为他创立了一系列企业，从移动电话到火车，再到航空公司，冲击了像英国航空公司那样盲目乐观的既有企业，并且他的企业往往给消费者以更优惠的价格提供更好的选择。

　　1971年，布兰森在伦敦的牛津街开设了第一个唱片店。两年后，他创办了维珍唱片公司，签下了一些有争议的乐队，如性手枪乐队。接下来，他创办了一系列其他企业，如1984年成立了维珍大西洋航空公司。其中一些企业可能更加成功，如维珍移动可能是一个妇孺皆知的品牌，而新娘服装公司维珍新娘可能已经被遗忘了。维珍大西洋航空公司也刚刚结束了为期三年的亏损，终于恢复了盈利。

　　维珍商业帝国的真正性质鲜为人知。约有80家企业以维珍命名，维珍集团控股公司负责管理布兰森的投资及其个人品牌，但维珍集团控股公司直接持有股份的公司不足一半。维珍集团仅持有12家收入最高的维珍公司的1/4的股份，而大多数维珍品牌公司向控股公司支付品牌授权费。

　　"维珍"品牌和布兰森本人的名气，部分源于这些年来他组织参与的一系列高调活动——从热气球到高速划船。冒险家的形象，配上他的金色胡子和浓密的头发，在维珍品牌的成功中起了举足轻重的作用。他用品牌授权模式为自己创造了巨大财富，据《福布斯》估算有50亿美元。

　　这种形象的背后隐藏着矛盾——布兰森是一个慷慨的社会慈善家，但他为了逃税，生活在加勒比海的内克尔岛屿——但这似乎并没有削弱品牌的财富价值。

　　2005年，他不再参与维珍集团的日常管理，而是专注于他的慈善活动和维珍银河项目。维珍银河项目旨在实现游客太空旅行。2014年10月，该项目遭遇了重大挫折，一艘宇宙飞船在美国莫哈韦沙漠坠毁，造成一位试飞员身亡。尽管有这样的挫折，布兰森仍发誓要将这项事业继续下去，而且他的个人品牌似乎没有因此受到影响。■

　　"布兰森冒险家的形象在维珍品牌的成功中起举足轻重的作用。"

Barbe Nicole Clicquot Ponsardin
芭布·妮科尔·克利科·蓬萨丁

By Adam Thomson
作者：亚当·汤姆森

如果循规蹈矩地生活，芭布·妮科尔可能会是个贤妻良母，生活在法国北部一个富裕的名门望族，在家里相夫教子。

然而，在男性主导的商界，她成了法国第一批成功的女性商界领袖之一。她的成功靠的是在国际市场上销售她的凯歌香槟，并开发了一种技术，能把混浊的葡萄酒转化成我们今天熟悉的清澈的葡萄酒。

事情的起因是1805年10月弗朗索瓦·克利科的去世，这个男人和她结婚刚刚7年，并和她一起创建了家族的葡萄酒业务。

芭布·妮科尔说服了她的公公，让她接管公司，之后还在公司名中加入了意为"寡妇"的"凯歌"一词。但当时欧洲战火纷飞，做生意举步维艰。

最初产量下滑，而英国海上封锁迫使她往东探索俄罗斯市场，一度曾将香槟酒瓶藏在炮筒里面，以此躲过沙皇对法国葡萄酒的禁运令。

据蒂拉·马兹奥的《寡妇凯歌：香槟帝国及其女王的故事》一书记载，芭布·妮科尔为了使公司能够存活下来，努力削减生产成本，控制客户的应付账款，在国内市场多元化经营销售红酒。

"芭布·妮科尔在酒窖或书桌旁工作，从早上七点开始，一直到晚上九、十点钟才放下她的账簿和书信"，马兹奥写道。

在那个时代卖酒，酒瓶上连标签都没有。当时她与丈夫想出了早期品牌推广的方法，那就是在每个软木塞上放一个锚的图案。

她一直致力于提升营销方式：1810年，她推出了世界上首款年份香槟；在不同凡响的1811年，她开始在每个软木塞上放一颗星星，致敬那年夜空中出现的彗星。

作为女商人，芭布·妮科尔敬业而坚韧。除此以外，她还有一个影响深远的贡献——开创了转瓶除渣法，将酒瓶倾斜并旋转几周，收集在酒瓶颈部的死酵母然后去除——制作出了酒质清澈的香槟。

后来这种香槟被普遍认为是第一款现代香槟，在欧洲的精英群体中广泛传播并流行开来，香槟很快开始与"庆祝"和"奢华"联系起来。

芭布·妮科尔于1866年去世，当时公司年销售75万瓶香槟酒，而她接管公司时年销售额大约为10万瓶。顺理成章地，她在在世时就已经被称为香槟贵妇。■

Henry Ford
亨利·福特

By Robert Wright
作者：罗伯特·赖特

　　流水生产线的发明非常重要，然而其起源至今仍然是个谜。亨利·福特因流水生产线而闻名，但根据史蒂芬·沃兹的著作福特传记《人民大亨》一书，福特给出了两个不同的故事，一称流水线的发明是受到在芝加哥屠宰场的动物尸体移动方式的启发，又称是受到手表厂的操作方式的启发。

　　不过可以肯定的是，在1913年和1914年，在福特汽车公司的于底特律城市北边开设的高地公园工厂里，工人开始在流水生产线上装配一个个部件直到装配成整车。流水线的生产力惊人，带来了福特的第二个重大创新。

　　不同于同时代的汽车制造商，如通用汽车的威廉·杜兰特或道奇兄弟，福特在公司成立之初就一直致力于降低汽车的成本，让普通人也买得起汽车。1908年，公司开始生产价格实惠的福特T型车。

　　尽管福特决心使他工厂的布局尽量合理高效，但在1910年开业的高地公园工厂，汽车零件和整车顺畅地在生产线上流动仍然存在很多问题。根据沃兹写的传记，管理者们开始尝试不同技术，包括用推杆推、用绳子拉，来让汽车和零部件顺畅地通过每个工人的工作台。公司最后决定用链子来拉动汽车。

　　该系统解决了不同工人的工作习惯不同的问题，干得慢的得加速，干得快的得减速。生产效率再次提升，迅速让福特汽车进入"成本降低—需求增加"的良性循环。公司在1912年生产了68 773辆T型车。基本型号售价为590美元，比起1910年的

900美元已经有了大幅降价。到了1920年，福特一年生产近100万辆T型车，基本型号售价为395美元。在20世纪20年代，T型车占据了美国汽车销售量的一半。

　　然而，装配线上单调乏味的工作很快推高了福特汽车的工人流动率。为此，福特将工资增加到每天5美元——当时平均工资的两倍——同时削减工作时间至8小时。这个略显另类的决定导致公司后来出现很多问题。但是，这个决定第一次创造出了大量有闲又有钱的工人，普遍认为福特创造了美国20世纪的消费社会。■

> "福特被公认为是美国消费社会的创始人。"

Carlos Ghosn
卡洛斯·戈恩

By Andy Sharman
作者：安迪·沙曼

没有首席执行官是不可替代的。但是卡洛斯·戈恩几乎做到了不可替代。这位黎巴嫩裔巴西人在多国文化影响下成长，并将多国文化应用到了他的汽车制造公司中，现在他的公司的汽车销量占全球的1/10，拥有45万名员工。

戈恩做到了汽车行业前所未有的事，那就是成功创造了雷诺–日产联盟。在汽车行业里，合作失败的案例比比皆是（戴姆勒–克莱斯勒、宝马–罗孚，福特–沃尔沃–捷豹路虎），雷诺–日产联盟已经合作了15年，这也印证了戈恩推崇的"互相尊重、文化敏感"原则的正确性。

雷诺–日产联盟拥有戈恩作为董事长的俄罗斯伏尔加汽车，并且和德国戴姆勒交叉持股，共同开发电动汽车项目。戈恩的湾流喷气机经常往返于这个联盟。

雷诺–日产旗下还有罗马尼亚品牌达契亚（Dacia）汽车，达契亚重建后生产低成本的汽车，抢占了欧洲各大汽车制造商的部分市场。汽车行业领先的猎头之一克里斯·唐金说："达契亚是跨文化交融的结果，不仅有来自不同文化地区的人，还有来自不同公司的人。"

1999年，戈恩加入日产，当时日产背负着200亿美元的债务，每年净亏损近50亿美元。在日本严重的排外声浪中，戈恩关闭工厂、裁员、出售非核心资产，并重新设计了汽车。从那时起，身材矮小又精通各种语言的戈恩为日本的便当盒和漫画卡通带去了灵感。

　　日产实现了可持续性的盈利，之后法国和日本团队整合，通过大规模的联合采购来压低供应商的价格。

　　超级自信是戈恩的标签，他在国际车展上致辞，面对世界各国媒体，他用敏锐的眼光和向上的剑眉锁定记者关注。他广受尊重，无论公司组织结构如何复杂，他总能以清晰的思维进行明确的沟通和交流。

　　但有人说他在雷诺–日产获得长久的成功的领导对公司未来发展是不利的。有抱负的继任者——包括安迪·帕尔默和卡洛斯·塔瓦雷斯——已经转投去了汽车行业其他公司的高管位置。与他的达契亚的成功形成对比的是，高端品牌英菲尼迪一直表现不佳。

　　同时，俄罗斯和巴西市场的需求急剧下降，导致人们开始质疑他一直以来集中力量推动联盟进入新兴市场的决策。

61岁的他与雷诺–日产的合同即将在2017年到期，现在，关于他将如何被替代——或者说有多少人才能替代他——有很多猜测。

戈恩对此的态度很模糊："很多人认为唯一的解决方案是一个人运作两家公司。（但是）当下的组织结构不是公司成功的唯一方案。"■

"戈恩广受尊重，无论公司组织结构如何复杂，他总能以清晰的思维进行明确的沟通和交流。"

Mo Ibrahim
莫·易卜拉欣

By Peter Marsh
作者：彼得·马什

　　莫·易卜拉欣是苏丹出生的企业家，早期通过手机业务积累了大量财富，是重塑非洲政治和商业成功形象的关键推动者。他于2006年成立了莫·易卜拉欣基金会，为在非洲大陆推广最佳的领导力标准和政府透明度的人士提供丰厚奖金。

　　但是与众不同的易卜拉欣奖的设立离不开他个人超乎寻常的商业履历。1974年，他从苏丹搬到了英国，不久就加入了电信公司BT，帮助BT在当时还算新兴业务的手机行业占据了一席之地。之后，他开始在整个非洲大陆成功运营手机网络业务。2005年，他以34亿美元的价格出售了他的公司Celtel。

　　莫·易卜拉欣基金会最丰厚的奖项是颁给离任的政治领袖的年度大奖，得奖的政治领袖需要"发展国家，让人民脱贫，并且为可持续发展和公平繁荣铺平道路"。该奖项的奖金数额之大令人心动，尤其是在收入水平较低的非洲地区，但有时候该奖项有几年会空缺得主。

　　但是易卜拉欣认为他的奖金其实是给政治家们实际的鼓励，鼓励他们及时离任，将权力移交给下一任，而不是坚持在岗位上依靠薪资生活，而且薪资之外往往还依靠贿赂和腐败收入生活。

　　2015年的大奖颁给了纳米比亚杰出的前总统希菲凯普涅·波汉巴，奖金是未来10年内奖励500万美元，之后每年奖励20万美元直到获奖人去世。

　　易卜拉欣奖还包括一些颁给职位较低的非洲政治家的金额较小的奖项。易卜拉

欣奖的规模之大引发了一些争议，因为许多非洲领导人的酬劳很高，并不需要在退休后依靠这些奖金生活。

但易卜拉欣的理论是，易卜拉欣奖可能鼓励政治家成为政界楷模，有助于推广政府标准化，从而有助于逐步改善经商环境。经商环境的改善会反过来提高饱受贫穷困扰的非洲大陆的生活水平。这几年非洲大陆出现一些令人印象深刻的创业活动，经济开始增长，在一定程度上支持了易卜拉欣的理论。■

Lee Byung-Chull
李秉喆

By Simon Mundy
作者：西蒙·芒迪

随着李秉喆与癌症的斗争接近尾声，他开始关心《圣经》上关于富人难进天堂的说法。1987年去世前一个月，他问牧师："这意味着富人是坏人吗？"

李秉喆下半生的大部分时间都是韩国首富，有足够的时间思考财富的意义。他创立的三星集团至今仍然是韩国最大的企业。三星集团拥有世界上销量最大的科技公司和其他从事证券交易到主题公园等不同领域的73家企业。

1910年，李秉喆出生在韩国一个富裕家庭。当年韩国正式成为日本的附属国，像很多上流社会的韩国人一样，他去日本留学，但他没有完成在日本早稻田大学的经济学学位。

1936年，李秉喆在韩国南部的马山市开了一家小型粮食加工厂，开始了他的商业生涯。他买了一辆卡车进行运输，比那些依赖牛车运输的竞争对手们更具优势。

尝试对房地产进行投机性投资失败后，李秉喆创立了三星，公司最开始的业务是出口食品到中国。尽管遭遇第二次世界大战的动乱，但公司依然繁荣发展，1950年发展成韩国最大的贸易公司。

那一年朝鲜战争爆发，李秉喆不得不逃离汉城。但继续在南部家乡从事贸易，持续了3年的时间直到战争结束。他恰当地运用政治关系，对李承晚竞选总统给予了慷慨捐赠。作为回报，李承晚让他顺利地进入了糖精炼、纺织制造和金融服务领域。

1961年，军政府推翻了旧政权，李秉喆与旧政权的关系反而成了累赘，军政府威胁要没收大商人们的财产，但李秉喆说服了独裁者朴正熙，朴正熙允许他保留资本以投资新兴行业，同时与国家共享投资利润。

三星和其他韩国大企业或家族企业集团，是朴政府以出口为重点的经济战略的核心，让韩国在现代历史上进入其他国家无法匹敌的高速发展。

然而，李秉喆最重要的影响体现在制造业。1969年到1978年间，他开始涉足生产消费类电子产品、船舶和半导体业务，现在三星在这三个领域成为全球最大的制造商之一。

伴随着他取得重大成就的，是他钢铁般的性格：烟不离手的李秉喆曾经有一次干预招聘，把一个他觉得鞋子太脏的人拒之门外，还曾经把两个表现不佳的儿子炒了鱿鱼。

"他们不适合担任高管"，1976年，他这样告诉《时代周刊》的记者。"一个人的生命短暂，但是公司的生命绝不能短暂。" ■

> "伴随着他取得重大成就的，是他钢铁般的性格。"

Li Ka-Shing
李嘉诚

By Jennifer Hughes
作者：珍妮弗·休斯

逃离中国内地，生产塑料制品，然后进入房地产行业，如果这样描述，那李嘉诚的起点和许多同时代的其他中国香港大亨类似，他们在香港地区的经济繁荣中获得发展。李嘉诚成功的秘诀是做得比任何人都更好、更大、更全球化。

如今，长江实业和和记黄埔作为李嘉诚的旗舰集团，在50多个国家经营业务，业务范围包括港口、房地产、制药、石油、酒店、电信等。李嘉诚作为亚洲首富，其业务的地理位置覆盖范围之广让他从那些只满足于拓展周边市场的地区大亨中脱颖而出。即使是李嘉诚最有名的竞争对手怡和集团，在20世纪80年代和90年代进军英国及美国市场失败后，大部分业务也都局限在亚洲。

李嘉诚以"寻求划算交易的海盗"而闻名。的确，在过去20年，他买入和卖出的资产价值是怡和集团的7倍。他最大的低价交易可能是1979年收购和记电讯，报道称他以远低于账面价值的成交价格从汇丰银行手中买入。此次收购一下子将他的资产拓展到房地产领域之外，而房地产是大多数亚洲富豪的根基。

但是，在善于冒险钻营的外表之下，李嘉诚其实是一个喜欢受保护的利润和法律确定性的商人，而这两者都不是冒险的特质。他的大部分业务都在那些有强有力的法律传统的国家，以此来控制风险，业务性质也多为公用事业或类公用事业，往往有很高的进入门槛，保护利益并增加确定性，降低风险。李嘉诚在香港的房地产业务也是只有少数巨头主导的产业，甚至他在香港的当地超市也几乎是双头垄断，竞争对手只有怡和集团的超市。

　　李嘉诚也善于玩长线游戏。21世纪初和记电讯尝试进入欧洲3G电信市场，这一举动在几年中都被公司以外的人看作榨干现金流的灾难。但最近该项业务已经开始提供利润，并且使公司有机会以150亿美元的价格从Telefónica手中收购英国运营商O2。在中国香港，李嘉诚经常被新闻媒体称为"超人"，因为他出身贫寒，逃离中国内地3年后，15岁的他就开始承担养家糊口的责任。他可能不是超人，但是他生意的规模和范围明显将他和同时代人区别开来。■

Alfred Nobel
阿尔弗雷德·诺贝尔

By Peter Marsh
作者：彼得·马什

　　他是世界上最负盛名的诺贝尔和平奖的创始人，也因为发明了炸药而被人们称为"死亡商人"。作为瑞典的实业家，几乎没有人能像他那样留下对比如此鲜明的遗产。他就是阿尔弗雷德·诺贝尔，在去世之前，他用自己巨大财富的一大部分设立了诺贝尔奖。

　　诺贝尔于1833年出生在斯德哥尔摩，曾经在美国学习化学工程。他学到了很多关于爆炸性、挥发性液体硝基甘油的相关知识，研究了如何将硝基甘油变成相对安全的化合物。1867年，诺贝尔将硝基甘油与其他物质混合制成糊状，并将这个发明专利称为"炸药"（dynamite），源自"能量"的希腊语"dunamis"，随后在汉堡、斯德哥尔摩、纽约和加利福尼亚建造了工厂。炸药彻底改变了采矿业、建筑业和拆除行业。现在铁路公司可以安全爆破山脉，将铁路线延伸到更广阔的地区，探索并经商。因此，拥有355项专利的诺贝尔在20多个国家成立了公司和实验室，积累了巨大的财富。

　　但是使用炸药发生多次意外事故后，诺贝尔的名声开始变得有争议。这些事故包括1864年发生在斯德哥尔摩工厂的爆炸事件，炸死了诺贝尔的弟弟埃米尔。军方没有因为这些事故而受影响，不久就开始将炸药用于武器的实验。

　　1888年，诺贝尔去世前8年，在一份误印的讣告中，诺贝尔被描述为"通过找到更快方法杀人而致富的人"。讣告作者或许看得太远了，因为那时，炸药还没有在战争中使用：直到第一次世界大战，炸药才真正成为毁灭性工具。

诺贝尔当然被这份讣告所刺痛，决定在能将人和物炸成碎片的公式之外再留下一些其他东西给后人。他立遗嘱用丰厚的资金设立了一系列奖项，在过去一个多世纪中奖励了在物理学、化学、医学、文学、经济学及世界和平方面有突出成就的人。

诺贝尔的名字还在全球最大的油漆制造商之一——荷兰公司阿克苏诺贝尔继续沿用，这家公司是诺贝尔1895年开创的一个业务逐渐演变而来的。有关诺贝尔的事业与战争相关的痕迹，也可以从包括瑞士的军火制造商RUAG、德国坦克装甲制造商诺贝尔炸药防务公司等在内的几家公司中窥见一斑，这些公司的起源可以追溯到诺贝尔早期创建的一些公司。■

"几乎没有人能像阿尔弗雷德·诺贝尔那样留下对比如此鲜明的遗产。"

Cecil Rhodes
塞西尔·罗德斯

By Peter Marsh
作者：彼得·马什

　　很少有人像塞西尔·罗德斯那样既身为全球知名企业董事长，又饱受非议。他是英国帝国主义者和矿业企业家，在1888年建立了戴比尔斯公司，经营钻石业务，总部设在南非，现为英美资源集团拥有，这个公司从一开始就与财富和权力联系在一起。

　　除了新纳粹组织成员之外，罗德斯的一些观点是不太会有人希望与之扯上关系的。1877年6月，还在牛津大学的罗德斯成为共济会成员，他写道："抓住每个机会去获得更多领土是我们的义务。更多的领土就意味着更多的盎格鲁-撒克逊人种，这个种族是世界上最好的、最人性化的、最尊贵的人种。

　　"将世界更多领土归于我们的统治之下就意味着结束所有战争。"

　　罗德斯被公认为是19世纪那场由英国和其他欧洲国家发起的"争夺非洲"中的主导势力之一。因此，他一直被许多人指责，因为当时的政策使数百万非洲大众生活在贫困和虐待中。

　　罗德斯是一个牧师的儿子，1870年他到了南非，对南非的矿产资源产生兴趣，用他亲戚给的3000英镑来投资做生意。他与其他人合伙组建了南非金矿采矿公司（现在的金田公司）。

　　但比起经营公司，罗德斯似乎总是对政治更感兴趣些，特别是想在尽可能多的非洲地区施加以英国为中心的统治。利用在采矿业积累的财富，他于1890年被任命为开普殖民地的总督，这是一个由英国人建立的区域，后来归入新成立的南非。他最大的夙愿之一，就是建造一条铁路，连接开普殖民地到开罗。

罗德斯以牺牲当地人的利益为代价制定了有利于采矿业和企业主的法律。他控制的不列颠南非公司的警察部队进入了南非北部，形成了以他的名字命名的罗德西亚南部和北部，也就是今天的津巴布韦和赞比亚。

罗德斯的政治遗产没有他创建的公司影响长久。但在他的遗嘱中，罗德斯留下丰厚的资金成立了罗德斯奖学金，用于教育"智力、性格、领导力方面表现卓越且承诺为民服务"的未来的世界领袖。这一针对学生的资助计划帮助了包括美国前总统比尔·克林顿在内的很多学生。■

Alfred P. Sloan
阿尔弗雷德·P. 斯隆

By Robert Wright
作者：罗伯特·赖特

阿尔弗雷德·P. 斯隆曾接受电气工程师培训，起家于滚珠轴承设计。第一次世界大战后不久阿尔弗雷德变革了汽车行业，但他的天才之处在于管理，而非汽车行业的核心技术。

阿尔弗雷德·P. 斯隆是美国管理界的首批精英之一。他在1919年撰写的组织管理研究报告勾勒出现代企业的蓝图，既发挥了各部门的主观能动性，又保留了总部的控制权。

当福特汽车还在专注于以更低的成本更高效地生产T型车时，斯隆的组织管理研究报告已经驱使通用汽车聚焦于品牌战略，一直到现在大部分车企还在执行品牌战略。

通用汽车的业务范围涵盖从大众市场的雪佛兰到豪车系列的凯迪拉克，为消费者提供多种选择，保证他们在人生不同阶段的品位和关注重点有变化时都能选择通用汽车品牌。

阿尔弗雷德·P. 斯隆同时深刻地认识到，汽车也可以是时尚的代表。当亨利·福特努力生产能长久使用的汽车时，阿尔弗雷德·P. 斯隆却在发展迟早会用坏的汽车，还每年推出新的设计来促进销售增长。

在2009年通用汽车破产，以及随后车辆点火开关不安全的丑闻发生后，人们也许会轻易忘记通用汽车曾是当时最受欣赏的公司。通用当时从一度占据市场支配地位的福特手中占领了部分市场，从各维度衡量都成了世界上最有价值的公司。

阿尔弗雷德·P. 斯隆的理念大部分来源于他应对1916年的混乱时的经验。当年他经营的零部件供应商凯悦滚子轴承公司被通用汽车的子公司联合汽车公司收购。

通用汽车公司当时的领导是智慧超群的创始人威廉·杜兰特先生，他凭借商业直觉管理通用汽车，这些商业直觉指导了早期汽车行业的许多高管。

"杜兰特很伟大，但也存在很大的短板——他善于打江山但不会守江山"，斯隆回忆道。

斯隆首次尝试使用因素分析法对影响公司发展的因素进行测试，包括零部件成本到消费者对其产品的体验。

斯隆一直努力让自己的性格适应他所塑造的公司。

根据现有的对斯隆性格的评价，他是一个干练、细心、谨慎、深谋远虑的人。一直以来影响并塑造美国和其他地区的企业的，是斯隆的理念，而非杜兰特随心所欲的风格，这也许是斯隆最大的贡献。■

> "斯隆一直努力让自己的性格适应他所塑造的公司。"

Ratan Tata
拉坦·塔塔

By Peggy Hollinger
作者：佩吉·霍林格

拉坦·塔塔的职业生涯开始于1961年，在印度詹谢普尔的塔塔钢铁厂运输石灰石并操作炼铁高炉。但他在51年后退休时，已经创建了一个工业集团，集团下有超过100家公司，分布于80个国家。

拉坦·塔塔的姓氏决定了他不可能在车间工作一辈子。但他的朋友说，他始终珍惜早年在工厂工作的经历。

1991年，拉坦·塔塔接替他的叔叔JRD塔塔掌管塔塔集团，他充分利用印度经济改革的时机，立即行动，唤醒了塔塔集团这只沉睡着的雄狮。

拉坦·塔塔剥离了集团的水泥、纺织和化妆品等业务，专注于软件、电信、金融和零售等行业。与此同时，他想扩大国际市场的业务，并选择了工业和制造业企业作为切入点。比如，2000年，塔塔集团收购了Tetley茶业，进入了英国市场。2007年，通过收购Corus（现塔塔钢铁），进入了欧洲市场。2008年集团收购捷豹路虎，正是这笔交易赋予塔塔国际实业家的声誉。

当塔塔集团收购英国汽车制造商捷豹路虎时，很少有人会认为他能成功。捷豹路虎在被塔塔收购前的8年间，已经花费了原股东福特汽车数十亿美元，但是仍持续亏损。但当时塔塔集团还只是在印度生产低价汽车和货车，这次却投资重金用于捷豹路虎设备的升级，致力于生产高端汽车，如今，就连曾经非常棘手的工会也对其称赞连连。

　　英国工会联盟秘书长弗朗西斯·欧格雷迪（Frances O'Grady）近期在参观捷豹路虎位于默西塞德郡的Halewood的工厂时，认为捷豹路虎是投资于员工的模范企业，虽然公司正在试图通过自动化大幅提高生产力。

　　捷豹路虎的逆袭证明了拉坦·塔塔是同时代最优秀的实业家之一，而且助推了英国经济的发展，英国现在出口的汽车比以往任何时候都多。■

Eiji Toyoda & Taiichi Ohno
丰田英二&大野耐一

By Rovert Harding
作者：罗伯特·哈丁

丰田英二是许多领域的先驱：在第二次世界大战后帮助日本重建，带领丰田汽车成为日本第一家真正的跨国企业，塑造了高端品牌雷克萨斯，但是真正对商业模式产生重大影响的是他和著名的工程师大野耐一共同创造的丰田生产系统。

丰田生产系统包括一系列的生产方式和方法，从快速制造到持续改进，旨在减少生产过程中的浪费。丰田生产系统的生产方式和方法已经传播至世界各地。

丰田和大野形成了一种特殊的商业双簧。丰田富有远见，致力于新车型开发及海外工厂的建设。与此同时，积极培育独一无二的企业文化，如此其他公司也不能轻易采用丰田生产系统。相对应地，大野耐一是一个意志坚定、专注性高的工程师，他将丰田集团的理念和原则转变为一套系统化的方法，用于减少生产过程中的浪费，不断提高公司工厂的生产效率。

丰田生产系统起源于1938年的一次试验，试验由丰田汽车的创始人丰田喜一郎亲自操盘，他设计了一个基于流程的系统，意在使生产线运行流畅，而不是速度最大化。

"在新的生产系统下，生产太多或太少都不行，但系统的灵活性很高。只要把应该做的工作都完成了，就可以下班回家了"，丰田英二在丰田高管访谈录《精益生产的诞生》一书中回忆说。第二次世界大战后，日本工业陷入瘫痪，使得日本经济难以快速复苏；相比之下，美国企业的规模优势明显。"丰田生产系统是应需求而生的", 大野耐一说。"由于市场需求有限, 需要企业生产小批量、多品种的产品。"

在未来, 丰田英二的远见卓识和大野耐一的坚持不懈将帮助丰田超越其竞争对手。■

丰田英二

Jack Welch
杰克·韦尔奇

By Peter Marsh
作者：彼得·马什

　　杰克·韦尔奇凭借积极进取、直言不讳、敢闯敢干的风格，成为过去半个世纪最成功的行业经理人之一。杰克·韦尔奇的背景并不出众，但他却从1981年开始成功地驾驭了通用电气长达20年之久。

　　杰克·韦尔奇提高了公司的精简程度及盈利能力，制定了一系列的商业原则，聚焦于企业核心目标，使其在很多领域获得了赞许。

　　杰克·韦尔奇致力于提高客户的满意度，同样也公平对待公司员工。他强调，要根据员工的业绩对待员工，业绩不佳的就要开除，这样做比养着那些表现不佳的员工而减少整个公司成功的可能性要好。在管理通用期间，韦尔奇的冷酷无情给他带来了"中子弹杰克"的名声，因为中子弹可以在保持建筑物和设备完好无损的情况下消灭其中的人。

　　杰克·韦尔奇在通用这段时间，使其市值和收入分别增加了30倍和10倍。退休后，杰克·韦尔奇开始了管理培训生涯，在华盛顿特区附近开了一个学校，叫杰克·韦尔奇管理学院。杰克·韦尔奇主要负责管理学生、组织MBA（master of business administration，工商管理硕士）网课和高管培训的其他相关事务。

　　79岁的杰克·韦尔奇已尽力表明，虽然他开始接受明显更柔和的管理方式，但是这并不改变他犀利的观点。他对给每个新来的员工安排一个导师这件事嗤之以鼻，他告诉记者，在你的职业生涯中，绝对不要找导师，因为再成功的导师也会教

出失败的学生。

杰克·韦尔奇非常幸运，他执掌通用期间，世界经济处于较好的周期。等到他退休以后的那段时间，管理大型跨国公司变得很复杂，需要面对中国的崛起、2008～2009年的金融危机及欧盟或将解体的危机等问题。

很难说杰克·韦尔奇的影响力有多少来自他的天赋和敏锐，有多少来自他的无所畏惧和自我营销，但不可否认的是，相比其他大多数类似的掌门人，他的影响力更持久。■

"韦尔奇致力于提高客户满意度。"

117

金融业
Finance

历史证明，没有什么比金融危机更能让资本家聚精会神。

——詹姆斯·麦金托什

美国第四任总统詹姆斯·麦迪逊对银行抱以非常强硬的态度，在18世纪末力图阻止建立美国第一银行时说道："银行这种机构使用各种手段，包括滥用权利、阴谋、欺骗和暴力，意图通过控制资金和发钞能力来控制政府。"

一个世纪后，约翰·皮尔庞特·摩根对美国政府财政提供两轮救援，很多人将此视为支持詹姆斯·麦迪逊观点的有力支撑。此后摩根通过其创办的同名银行出售政府债券赚取了高额的利润，他又被指控犯有试图控制国家的"阴谋罪"，受到国会的调查。

金融领域似乎一切照旧。摩根凭借有效的交易策略在信托基金领域树立了威望，并积累了自己的财富，放到现在来看这些策略都是操纵市场的行为。在此之后，摩根借助他的财力和权力控制了整个铁路业。

像许多其他伟大的金融家一样，摩根是一个商人，不是一个创新者。摩根的原始积累来自19世纪初的金融大潮，那时大量的资金从欧洲流向美国。后来摩根有幸地躲开了19世纪70年代的铁路业泡沫，也因此保留了资金和资源以最经济的方式整顿了残局。

这个规律在其他行业也同样适用，如比尔·盖茨没有发明计算机，约翰·D. 洛克菲勒没有发明炼油厂。但也确实有创新者取得商业成功的先例，金融行业也不例外。沃伦·巴菲特就是范例，他的成功靠的不仅是挑选股票的技巧，还因为他创新地使用了保险公司的资本结构，在运用高杠杆的同时规避了高杠杆对冲基金面临的要求偿还债务的高风险。

不论如何，金融创新的历史并不亮丽。从票据贴现到银行汇票，从部分准备金银行制度到担保债务凭证，几乎所有的现代金融创新都是围绕着扩大信贷和债务进行创新的，从而加剧经济繁荣和萧条。

正如查尔斯·金德尔伯格在其关于经济繁荣—萧条周期的权威著作《疯狂、惊恐和崩溃：金融危机史》中描述的一样，金融史就像一场金融机构和政府的战役，金融机构不遗余力地扩大信贷，政府则试图压制信贷增长。一种理论表明，新形式信贷的发明人通常会低估他们所承担的风险，创造一轮经济繁荣。只有在泡沫破裂后，他们的接班人才会琢磨明白如何在一个可持续的基础上赚钱。

例如，国际银行业并不是银行世家的创始人梅耶·罗思柴尔德创造的。各种形式的银行自腓尼基文明以来就存在。中世纪时，意大利北部实力强大的金融家族向欧洲的王室和商人提供了大量贷款。但罗思柴尔德通过让其子孙在主要的资本城市创建银行，并凭借自己商人的才干，很大程度上解决了银行的信任问题。

如今，金融创新似乎随处可见。从20世纪60年代的自动提款机，20世纪70年代的信用卡，到如今的网上银行，计算机辅助P2P（person-to-person，个人对个人）贷款和以微秒为单位的高频交易，技术变革已经改变了金融业。可能下一个伟大的金融领域先锋就是当前的某位企业家。投资者对金融创新有很高的期望：在线支付和P2P的估值已经可以媲美互联网公司。

然而，从过去可以学到的一个经验就是，现在与过去并无不同。技术可以不断进步，但银行业本质是不变的：放款虽易，但关键在于如何将资金收回来。尽管如此，如果企业家能够找到一种方法以更低的成本提供相同的服务，那他们就可以获得巨大回报，就像他们销售其他能提高生产力的新产品能够带来的回报一样。

纽约大学斯特恩商学院金融学教授托马斯·菲利普发现，至少对于金融业而言，没有找到足够的证据证明有提高生产力的创新出现。他的研究表明，社会的融资成本一直处于稳定的状态，为资金总量的1.5%～2%。

技术没有削减整体融资成本，而是被用于吸引以前难以触及的客户群体进入金融领域，但行业的总成本维持在同一水平。将银行业拓展到新的客户群体具有重大意义，如穆罕默德·尤努斯在孟加拉创办的小额贷款银行——格莱珉银行。但扩展金融服务并不一定是好消息——世界经济仍没有从2007年的次贷危机里恢复过来。

2007年10月股市达到顶峰，而在此整整100年前，市场对美国联合铜业公司股价的一次失败操纵几乎导致美国金融体系的崩盘。摩根再一次赶来救市——也再一次赚得盆满钵满。他说服反托拉斯的美国总统废除了反垄断法律，允许他将扩张其钢铁帝国作为救市的一部分举措。

1907年的恐慌促成了美国联邦储备局的创立，正是美国联邦储备局在雷曼兄弟倒闭后出手挽救了许多银行机构。但美国联邦储备局的创立并没有改变金融业的一些规律：最近的这次金融危机期间，巴菲特凭借为高盛注资，又获得了一笔丰厚的利润。

如果罗思柴尔德或摩根活在今天，他们肯定会继续从金融行业中赚得盆满钵满。但是，至少在经历一次金融危机之前，他们并不一定会使用最新的金融创新。■

"约翰·皮尔庞特·摩根通过精明的交易策略，运用技术来吸引以前难以触及的客户群体，积累了自己的财富。"

Warren Buffett

沃伦·巴菲特

By John Authers
作者：约翰·奥瑟兹

对于所有曾试图靠投资赚钱的人来说，沃伦·巴菲特是一个永远也超越不了的对手。毫无疑问，巴菲特是有史以来最伟大的投资家（没有之一），他的成就之大难以言表。

伯克希尔·哈撒韦公司，曾经一度陷入困境的纺织公司，在50年前被巴菲特收购，现在已经成为美国市值第三大的公司，也是世界上最大的集团企业。

巴菲特的财富使他成为世界上数一数二的富豪。这主要源自伯克希尔·哈撒韦投资业绩的支持：从1980年以来，标准普尔500——美国股市最广泛使用的指数——增长了1850%，而伯克希尔增长了84 000%。

沃伦·巴菲特是怎么做到的？巴菲特每年给投资者的信件，以及他经常在媒体上的发言，给了我们很多提示。作为价值投资的创始人本杰明·格雷厄姆的学生，巴菲特在投资成功的企业时应用了价值投资——在股票不被市场看好的时候买入以获得超过市场平均的收益。如果一个公司有一个"很强的壁垒"——一个可持续的竞争优势——他就会买入，即使它当时看起来并不像一个成功的交易。

沃伦·巴菲特还认为，要想获得优秀的投资业绩，就不能进行特别分散的投资，要只投自己了解的公司和行业，并持有股票几十年。从这些方面看，巴菲特的投资方法与目前投资市场上的投资产品完全不一样。

沃伦·巴菲特同时也是机会主义者。随着伯克希尔的规模越做越大，巴菲特开始利用其体量优势赚取利润，2008年金融危机期间，银行普遍不愿贷款，他便利用其资金优势收购公司或作为收取高利息的最后贷款人。所以，他也并不总是长期投资者，有时也会进行外汇或大宗商品市场短期交易。

　　有些人指责说，伯克希尔旗下的企业往往是在传统行业有地位的公司，而不是勇于创新的新公司。虽然巴菲特是平易近人的平民主义者，但伯克希尔也像其他企业一样积极地进行税收管理。目前的问题是，谁可以做耄耋之年的巴菲特的接班人。

　　但最大的问题是沃伦·巴菲特是如何做到的。他的听起来简单的投资方法几乎不可能在现实中实践，然而一直以来他却都在践行。▪

Amadeo Giannini

阿马迪奥·贾尼尼

By John Authers
作者：约翰·奥瑟兹

如果有人可以声称是自己将银行带给了中产阶级和工人阶级，那么这个人一定是阿马迪奥·贾尼尼。他作为美国银行的创始人，对美国的银行业进行了革命性的创新，并使其成为美国最大的商业银行。

即使在阿马迪奥·贾尼尼去世70年以后，美国银行仍然是美国最大的连锁消费银行行业的主心骨。但他创造的银行家作为社会支柱的积极形象，已经不复存在了。

阿马迪奥·贾尼尼是意大利移民的儿子，随着1849年淘金潮来到了加利福尼亚州，他在很小的时候便辍学开始从事农产品销售。1904年时他34岁，这时他才开始接触银行业，当时他在旧金山创办了意大利银行，想为那些在其他地方得不到融资的移民工人提供资金支持。

结果表明，这些移民是非常自律且专心的工人，信用风险极低。几十年之后，这些特质还有效地推动了小微金融在发展中国家的快速增长。

阿马迪奥·贾尼尼在1906年旧金山地震后声名远播，主要是因为他设立了一个临时银行，为身处困境的居民提供援助。据说，他援助的资金来自在他银行总部的废墟瓦砾中找回的200万美元。后来，他在加利福尼亚州各地建立了意大利银行的分行，服务于不同的移民社区。这种分散的模式彻底背离了美国原有的银行体系。

1930年，意大利银行更名为美国银行，并承担了新的伟大角色——为美国的基础设施建设（包括旧金山的金门大桥）提供资金支持，当时美国政府希望通过基础设施建设的投资缓解金融危机带来的大萧条。美国银行也参与了硅谷的诞生，在早期资助了后来发展为惠普的公司。

1998年，美国银行被北卡罗来纳州的国家银行收购，本次收购由富有冒险精神的首席执行官休·麦科尔亲自操盘，是史上最大的银行并购案之一。合并后的银行保留美国银行的名称，但总部位于北卡罗来纳州夏洛特，而且已经不再有贾尼尼时代的平民化文化精神了。

纵观历史，银行家往往不受民众的待见，但阿马迪奥·贾尼尼却深受爱戴。■

Henry Kravis
亨利·克拉维斯

By Henny Sender
作者：亨尼·森德

当你走进KKR空气新鲜的办公室时，眼前的纽约中央公园尽收眼底，再配上墙上前卫的现代艺术品，可能让你觉得自己来到了一家风险投资公司。这一布置格局向我们传达的信息是：未来比过去更重要。

KKR可能是最令人尊敬的私募股权投资公司。其他的投资公司可能管理更多的资产并有更好的历史业绩，但是没有任何一家大型另类投资公司拥有KKR创始人亨利·克拉维斯的品牌效应或明星效应。

KKR的成功并不仅仅是因为克拉维斯和他的表弟乔治·罗伯茨在最早一批的投资人中成功胜出，还因为像福斯特曼·利特尔一样的其他投资人因为不能适应时代变化而最终失败了。正是他们二人主导了KKR公司的制度化进程，毕竟相比其他公司，如黑石集团或凯雷集团，KKR的名气与其创始人联系更加紧密。

一路走来，亨利·克拉维斯和他的表弟乔治·罗伯茨塑造了一种兼有企业和学院特色的融合文化。比如，当时年仅33岁的乔·贝被派到了中国香港，发展亚洲地区的业务，当时他连合伙人都不是。如今，亚洲的业务非常成功并获得了投资人的认可，该地区的二期基金募集金额达到了60亿美元。（乔现在已经是合伙人了，并且被认为可能是KKR两个创始人的接班人之一，虽然这两个创始人没有任何要退休的表示。）

亨利·克拉维斯不喜欢KKR被描述为门口的野蛮人，这个说法来自一本畅销书的标题，讲的是KKR在1998年杠杆收购纳贝斯克的故事，在当时是华尔街历史上最大的一次并购案。事实上，畅销书的封面将纳贝斯克描写成了"19世纪80年代贪婪无情的金融行业受害者"。也许事实的确如此。但同时要考虑到，纳贝斯克公司的高层非常集权，蔑视公司股东。KKR的高层就像最开始的原始投资人一样积极参与公司管理，就像当时金融领域里丝毫不知忌讳的孩子一样。

如今，亨利·克拉维斯似乎开始享受别人对他的尊敬。他发起了改善工人生活的倡议，缓解了KKR被投企业和工会之间的摩擦，如医院连锁企业HCA。他承诺KKR的被投企业在环保方面都将按照最高的环保标准执行，如美国知名的连锁零售店多来店对纸板箱进行回收。

隐于寂静，亨利·克拉维斯不显山不露水地成为纽约最伟大的慈善家之一。之前不知忌讳的孩子已经成为行业里的元老。■

"克拉维斯已经成为行业元老。"

John Pierpont Morgan
约翰·皮尔庞特·摩根

By John Authers
作者：约翰·奥瑟兹

　　无论如何，约翰·皮尔庞特·摩根打造了现代美国经济和为其服务的金融服务产业。作为迄今为止最有权势的银行家，他的遗产在其去世一个世纪后依然存在。尽管在一些情况下，这是因为政治家和监管部门故意改变了规则，以确保没有人可以像摩根那样再一次积累如此强大的力量。

　　美国南北战争之后，摩根从父亲那里接手了已经十分繁荣并横跨大西洋的银行生意。年轻时，摩根是国际银行界的先锋，他劝服欧洲人为美国战后的高速增长提供资金支持，用于战后重建和内陆基础设施建设——过去几十年中，这样的高速发展只有中国崛起能与之媲美。

　　他利用自己作为银行家的力量成为公司的中介人，因为他发现，将公司联合成为大型的托拉斯，可以降低成本、限制竞争，更好地服务于银行家和股东的利益。美国钢铁公司和其他垄断巨头都是他的手笔。

　　摩根也成为世界上首个"金融消防员"，他曾主导处理了19世纪晚期的几次金融恐慌，其能力在处理1907年大恐慌时得到了最佳展示。他既是谈判的会议召集人，也是最后借款人。人们敬畏地看着他大步走在华尔街，参与各种危机会议。

　　设立美国联邦储备局很大程度上就是因为1907年的大恐慌——政客们认识到将如此关键的公共政策留给个人决策是十分危险的。随后，立法者通过1933年的《格拉斯–斯蒂格尔法案》拆分投资和商业银行，试图阻止摩根的权势继续积累，这意味着摩根的商业帝国从此被拆分成了JP摩根和摩根士丹利。这两个带有"摩根"名字的银行至今还是世界上最强大的银行。反对摩根垄断力量的斗争也一直持续到了今天。

摩根生意经中一些关键因素已经踪迹难寻。完美的关系型银行家——批评者称之为"内线"——摩根相信他的判断力并且只与他信任的人做生意。当被问及担保的重要性时，他说人品更加重要："对于我不信任的人来说，他即使拥有全天下的债券，也无法从我这里借到一分钱。"■

Mayer Rothschild
梅耶·罗思柴尔德

by John Authers
作者：约翰·奥瑟兹

　　梅耶·罗思柴尔德建立了最伟大的银行王朝，并且可能一度享有了最多的财富。也是他定义了跨国银行家的概念，并且首次建立了能够与国家相抗衡的权力。

　　作为罗思柴尔德金融家族的奠基人，罗思柴尔德1744年生于德国法兰克福的犹太人聚居区。经过在银行短暂的学徒生活后，他开始经营买卖古钱币的生意。生意自然而然扩展到了难度较高的外汇交易。当时缺乏现代市场所具有的频繁交易和高度流动性，而且欧洲当时处于分裂欧洲的战争和革命，外汇交易不容易开展。后来，他逐渐成为埃塞·卡塞尔伯爵的个人理财顾问。卡塞尔伯爵是有权选择神圣罗马帝国皇帝的人士之一，伯爵的地位极大地增强了梅耶的权力。随后，他就可以利用伯爵的资本发行自己的债券。

　　也许梅耶的眼光的独到之处在于他看到了银行国际维度的重要性并为国际银行时代做了慎重的规划。他将五个儿子派遣到维也纳、那不勒斯、伦敦、巴黎及法兰克福，在那里，他们为罗思柴尔德帝国建立起各自强有力的金融前哨。这银行业的"五支利箭"是其优势的重要来源。如果梅耶的客户融资遇到困难，他的国际金融网络可以帮忙解决。

众所周知，罗思柴尔德家族筹集资金才使得英国能够应对拿破仑战争。这次买入英国债券使罗思柴尔德家族大赚，由此也留下了一句格言，那就是你应该在战争时买入。

从那以后，梅耶的儿子们开始控制19世纪的欧洲金融业，其鼎盛时期聚集的财富无人能敌，由此也引发了无数的阴谋论。也许从来没有哪个家族像罗思柴尔德家族一样承受过那么多疯狂的谴责，其疯狂程度只要上网搜一下"罗思柴尔德"和"光明会"就可见一斑。

尽管通过家族联系保持对银行业的紧密控制的模式已经被取代，但是时至今日罗思柴尔德家族依然强大。政府明白，控制货币供应的权力会使银行家比政客更有权势，所以一直尝试确保国际银行家不能再如此行使权力。但是七代人过去了，梅耶家族的后代们依然在世界范围内经营着许多企业，而且他们将触角扩展到了新的领域，特别是优质葡萄酒行业。■

"罗思柴尔德定义了跨国银行家的概念。"

"罗思柴尔德家族的'五支利箭'是其在银行业建立优势的重要来源。"

Muhammad Yunus
穆罕默德·尤努斯

By Andrew Jack
作者：安德鲁·杰克

　　穆罕默德·尤努斯可能并没有发明小额贷款，但是他确实是在现代社会中与其最密切相关的人。他所支持的在孟加拉国向穷人提供的小额贷款及与社会事业相关的其他理念已经传播到了世界各地。例如，孟加拉国BRAC银行也明显奉行同样的社会责任价值观。

　　1940年，尤努斯出生于东孟加拉地区的吉大港市，他致力于经济学研究，并去美国学习获得了经济学博士学位。1971年孟加拉国独立战争促使尤努斯回到祖国。三年中，饥荒和长期贫困使他对大学教学工作感到挫败，并开始专注于如何直接为穷人们服务。

　　1976年，他开始向穷人们尤其是妇女，提供非常小额的无担保贷款，帮助他们免受高利贷的盘剥。从最初的无息贷款到后来以自己的名义承销银行贷款，在此期间，小额贷款一直坚持分期还款，到期需即时支付。

　　这成为格莱珉银行（"乡村银行"）的基础，到2013年，格莱珉银行的小额贷款共计700万笔，合计贷款金额16亿美元。这个模式已经传播到许多国家，甚至美国。

　　2006年，尤努斯的努力使他和格莱珉银行共同获得了诺贝尔和平奖——而不是经济学奖。评审委员会这样评价他，"尤努斯的长期目标是在世界范围内消除贫困。虽然单靠小额贷款并不能实现这一目标，但是尤努斯和格莱珉银行告诉我们，小额贷款一定是消除贫困事业的重要组成部分"。

但小额贷款仍然面临着越来越多的批评声，如在很多国家小额贷款利率过高，还有人认为小额贷款是资本错配，让中型企业付出了代价，同时对消除贫困作用不大。

2015年，麻省理工学院的埃斯特·迪弗洛在印度海德巴拉市做了一项研究，该研究表明小额贷款对家庭摆脱贫困的作用微乎其微。"尽管小额贷款确实使得一些家庭可以投资自己的小生意，但它可能并不像其声称的那样是个'奇迹'。"

格莱珉银行受到孟加拉国总理谢赫·哈西娜·瓦吉德的批评，指责格莱珉银行是在"吸穷人的血"。2011年，70岁的尤努斯卷入了和政府争夺控制权的斗争，最终让出了行长的位置。

但他并没有被吓倒，而是继续在书籍和演讲中倡导像格莱珉银行这样将利润用于再投资而非给股东分配红利的"社会事业"。■

主权财富基金
Sovereign Wealth Funds

富油国家的投资工具正在发挥越来越大的影响力。

——希米恩·克尔

在过去6个月中，原油价格的崩溃使许多国家面临着财政压力。但是，一些富油国家，如挪威、阿布达比酋长国、科威特等却处于一个更舒适的环境，原因在于它们承诺长期将石油收入投入到基金中以维持油气资源的价值。

"主权财富基金"这一概念仅存在了10年左右，但是国家已经为子孙后代投资了几十年，如科威特的基金可以追溯至1953年。这些政府的工作一直在开创性地创造和使用财富。

"卖出石油然后转化为金融资产——这一做法是为了让资产不受通货膨胀和其他因素的影响而贬值"，机构投资者主权财富中心（一个研究机构）主任维多利亚·芭尔芭里说道。

大型的主权财富基金是储蓄投资工具，其目的是后代将政府盈余转变为代际财富的传输纽带，也有一些政府发起了致力于使国内经济多样化的发展基金。

21世纪初的石油繁荣让这些原来不受关注的投资者的知名度骤然提升，越来越多的人开始关心这些占到全球股权市场很大份额的基金会对市场产生什么影响。很多国家制定了政策来提高透明度，但是多数海湾基金还是选择不公开资产管理规模。

阿布扎比投资局（Abu Dhabi Investment Authority，ADIA），成立于1976年，根据其2013年年度报告，在过去的30年里投资局的年收益率超过8.3%。

芭尔芭里称，阿拉伯联合酋长国总统同父异母的兄弟谢赫·哈马德·扎耶德·阿尔纳哈扬从2010年起开始运营基金，并已经被全球市场公认是一个精明能干的投资人。

ADIA独立于政府运营基金，不仅建立起了估值约7500亿美元的投资组合，其吸引外国人才的政策还使基金成为年轻国家高管们的培训学院。

科威特投资局成立于1953年，是最早的主权财富基金之一，其管理规模约5500亿美元，由于科威特议会经常性的安全审查，投资局采取了比ADIA更为保守的投资方法。

卡塔尔的主权财富基金成立时间较晚，卡塔尔投资局（Qatar Investment Authority，QIA）10年前才发起设立。随着它将国家天然气收入投入进"未来"基金，卡塔尔财富主权基金迅速发展，并提高了这个小型海湾国家的国际知名度。凭借约2500亿美元的资产管理规模，QIA已成为在伦敦和巴黎最大的房地产投资者。

主权财富基金的长期视野使它们成为理想的基础设施投资者。"它们已经进入不动产市场，如房地产、公共基础设施，它们也开始比过去更多地使用私募股权投资工具"，尼克说。尼克是景顺投资中东部的负责人，也是景顺投资全球主权组的联席主席。

近些年来，ADIA在追求不动产方面也表现得较为激进。最近ADIA正意图收购梅伯恩酒店集团（Maybourne Hotel Group）。梅伯恩酒店集团旗下拥有位于伦敦的克拉里奇酒店（Claridge's）、伯克利酒店（the Berkeley）和康诺酒店（the Connaught）。

挪威拥有25年历史的石油基金——挪威政府全球养老基金，是世界上最大的主权财富基金。这只基金原本只关注上市公司股票，如今也在力求多样化，尝试进军房地产行业。基金管理人挪威银行投资管理公司正在建立其在房地产方面的专家团队，以期在2016年将房地产领域的投资增加至5%。

虽然到更令人兴奋的新兴市场寻求回报也是这些主权财富基金的考虑主题，但顺景投资的研究显示，主权财富基金仍然认为发达国家市场才是其长期回报的最有力保障。■

强盗式的资本家
Robber Barons

越是前沿领域，先驱表现越好。

——里卡多·布劳格[1]

制定一份仅有50位企业先驱的名单必定要做出一些残酷的选择。也许其残酷程度不亚于一些人为了确保在该名单中的位置而采取的非常手段。

但入选这份名单的并非同一类人，成为先驱的方法有很多种。当然，每位入选《金融时报》50人榜单的人都具备精明的商业头脑、充沛的精力和强有力的执行力，他们都曾做过一些史无前例的事情，抓住了时代的风向，带来了意义重大的变化。但抛开这些相似点，名单的选择涵盖了各种不同类型的创新模式和各种独特的经济发展背景。

有些人巧妙地在稳定的环境中挖掘商机，他们或是发现了前人所没有发现的价值源泉，或是受益于经济活跃的发展中国家。还有一些人在动荡的环境中事业蓬勃发展，他们能适应快速变化的商业环境，并从中攫取利润。这些先驱的创新被后来者不断模仿，可见其贡献之大。如今，在一条生产线上制造汽车，参加旅行社包办的出国旅游，买一部智能手机，都变成了让人习以为常的现象。而正是先驱们让这

①里卡多·布劳格：《权力如何腐败：组织的认知与民主》（*How Power Corrupts: Cognition and Democracy in Organisations*）的作者，威斯敏斯特大学副教授，主攻政治心理学和民主政治。

些走进我们的日常生活。

先驱总是在尚未发展成熟的领域开拓创新。纵观历史，游牧民族与处于防守的农耕民族之间旷日持久的斗争表明了变革的力量往往来自游离于文明之外的游牧民族。比如，游牧民族蒙古族和匈奴完善了机动作战，建立了新的政治秩序，横扫了亚洲大草原。但在那之后，农耕文明书写历史时，自然将这些创新归入了自己名下。

但先驱们往往在无序的领域最能淋漓尽致地发挥才能。当旧事物死亡，当秩序瘫痪，当规则突变或监管缺位，这正是他们展现出几乎病态的敢作敢为和远见卓识的时刻。经济和政策的必然性驱使改革者如洪水涌入平原一般占据并开拓法律未及之地。这些领域通常在政府鞭长莫及的地方，像美国的边境，或政府职能退化的地方，如苏联。

在民族国家的国际秩序形成之前，部族领袖和军阀统治着世界，推动着经济的发展。尽管那时社会结构原始落后，阶级制度严苛、手段野蛮，但那些军阀还是开辟了商路，在不同文化间传播知识，最后调整他们的行为，摒弃原有的游牧文化。一旦定居下来，他们就建立起有秩序的、稳定的、文明的王朝和政府。

人们常说商业讲究公平竞争，但那往往是当商人觉得竞争环境不利于自己的时候。天才的企业先驱者披荆斩棘、勇往直前，在这过程中他们欺骗、借贷、偷盗、挑战规则、品行恶劣。他们是一群强盗，只是不经意间改变了世界。

为了寻找那些没被发现的商机，先驱者们一定是理想主义的、不现实的，也往往是自恋的。别人看到的困难他们也能看到，但他们却毫无理由地相信自己能解决这些问题。内心的躁动促使他们不愿维持现状，拒绝简单的模仿，常常在构想不可能之事。他们往往自视甚高，对下属常常不耐烦，自己拥有无限精力，这些特质让他们不断晋升，并勇于创新。真正让他们脱颖而出的，是他们自身的魅力。

"强盗式的资本家"一词在19世纪被用于游走于法律边缘的美国资本家。他们一边影响政府一边想方设法压榨工人，压制工会。当时对垄断行为没有足够的监管，他们便一拥而上攫取利润。

每段文明的发展都有一段血泪史。这种例子不胜枚举，从欧洲古代帝国的缔造者，到近代俄国的独裁者及印度和中国的企业家。实际上，这几乎是每段文化发展的必经之路。个人魅力到后来往往演变为自大、傲慢、野蛮，但即使如此，游牧的先驱者最终还是会被文明驯化，他们的罪恶会被忘记，而世界已经被永远改变了。

这样的改变在历史上一直重复上演。现代商业的先驱者，如他们的前辈那样，在通用的技术革命的基础上创新。正如交通能源从马发展到蒸汽，再到石油，互联网为惊人的革命提供了充足的空间，容得下傲慢自大，也容得下对未来不切实际的设想和新常态的诞生。今天，我们生活在"新中世纪"时代。即使现在，类似军阀和游牧民族的先驱们还在塑造着我们目前无法预见的新世界。■

"这些先驱的创新被后来者不断模仿，可见其贡献之大。"

女性
Women

对女企业家来说，获得融资仍然是一个问题。

——迈亚·帕尔默

入选《金融时报》的企业先驱名单的女性已经建立了庞大的企业，积累了大量的个人财富。美国脱口秀主持人奥普拉·温弗里的净身价估计为30亿美元；时装设计师缪西娅·普拉达是47亿美元。安妮塔·罗迪克的美体小铺于2006年以6.52亿英镑的价格卖给了法国化妆品集团欧莱雅。除了纯粹的数字之外，她们的业务已产生了持久的影响：美体小铺让不用动物测试的化妆品成为主流。

但是这个名单很短，《金融时报》评选的50位先驱只有6位是女性，而且几乎都集中在时尚和美容领域。这反映了更普遍的现象。在英国证券交易所，100家富时指数公司中只有5家是由女性领导的。在美国，500强企业中只有23家公司的首席执行官为女性。

当谈到女性创业时，类似的比例仍然存在。从一次性尿布到洗碗机和圆盘锯的一系列日常用品都是由女性发明的。女性并没有被禁止创立公司——大约1/3的美国公司是女性所有。但美国运通公司（American Express Open）（小型企业信用卡发行商）于2012年委托完成的调查显示，当仅考虑最大的那些公司时，女性所有者的比例就下降了。

　　女性比例低的问题一部分是因为女性较难获得融资。根据马萨诸塞州巴布森学院的一项研究，在所有统计数据中，真正令人惊讶的是，2011年至2013年间，在美国所募集的风险资本融资中，只有2.7%的资金投向了由女性领导的公司。

　　女性，如凭借Spanx塑身内衣业务成为亿万富翁的萨拉·布莱克利，即使没有风险资本的融入，她们依然能够自力更生拓展业务。但是，如果风险投资更容易得到，是否会有更多的女性把公司做强、做大？

　　黛儿·莫里这样说道，"当我创业的时候，我从来没有想过我的性别。我太忙于想获得合同了"。她于21世纪初在英国共同创办并转让了一家移动电话技术公司。"但仍然有些东西一直存在。事实就是，风险资本圈仍然是由男性主导的。"女性需要平衡工作和家庭责任肯定是风险资本考虑的一个因素。许多女性有时因为是"妈妈企业家"而失去融资机会，"妈妈企业家"创立公司后只想利用孩子在上学和幼儿园的时间去打理公司，可能并不想吸纳风险投资。那些想要获得投资的女性则需要努力说服投资者，表明她们的家庭责任并不会影响工作。

　　根据银行集团RBS的一项研究，包括家庭职责在内的"个人原因"，被认为是25～34岁的英国女企业家决定关闭公司的主要原因。

　　巴布森学院企业家部门主席坎迪达·布拉什说，互联网效应也是一部分原因。"女性不在风险投资家的网络中，风险投资者并没有动力寻找他们自身网络以外的其他群体。（风险投资者）和同一批企业家不断合作就不需要像找网络之外的企业家一样那么努力了。"硅谷的许多科技公司，如PayPal，Tesla，Facebook和Yelp，都是由一个相对较小的圈子的企业家团体和投资者彼此互相支持而建立起来的。

　　如果说风投圈真的有什么变化的话，那就是近年来变得更加以男性为主。根据巴布森的一项研究，女性合伙人在美国风险投资公司的比例从1999年的10%下降到2014年的6%。与此同时，硅谷风险投资公司Kleiner Perkins Caufield & Byers著名的性别歧视案例表明，在风险投资世界，女性可能会被蓄意排除在交易之外。

　　默里对这个行业的看法不那么极端。她坚持不管男女，好的团队总会拿到融资。但她承认，当有压力时，无情的男性环境会使这种积极的想法逐渐冷却。这也是为什么莫里在2011年被评为英国年度天使投资人后，却选择远离这样的投资圈。

　　总部设在波士顿的Breakaway Innovation Group是一家风险投资公司，旨在重新平衡性别比例。公司与巴布森学院合作举办了一场比赛，希望找到最好的女性领导的公司，向一等奖获得者提供25万美元的投资。

　　Breakaway的首席投资官约翰·伯恩斯认为，让更多的女性进入风投圈将是改变现状的最佳方式。"如果找我融资的有5%是女性，我会很惊讶。"

　　"作为普通的劳动力的女性比例和接受过风险投资的女性比例相差很大，这差距中有巨大的机会等待发掘。"■

> "事实就是，风险资本圈仍然是由男性主导的。"

成长中的先驱
People to Watch

一些人特别像正在成长中的先驱者。

——迈克尔·斯卡平克

你必须在一个商业领域中坚持多久才能成为企业先驱？《金融时报》的评审团花了很多时间讨论，希望总结出商业领域中那些新面孔的优点。一些人明显地开创了颠覆性的商业模式，但他们在50年或100年后还会被铭记吗？

有许多社会、商业和技术发展，在当时似乎很重要，但后来慢慢消失，没有产生预期中的影响力。例如，协和超音速客机，当它第一次飞行时，许多人预测不远的将来，大多数飞机将以超音速的速度飞行。

当然，评审团不能肯定哪些新面孔会产生持久的影响，但他们认为，Facebook的马克·扎克伯格在发展互联网社交方面做出了卓越贡献，足以被纳入名单。

影响力可与扎克伯格媲美的两个人是埃隆·马斯克和马云。埃隆·马斯克是技术、太空和电动汽车领域的企业家，马云是中国电子商务领域的佼佼者。一些评审希望将两位纳入名单，而其他人觉得现在还为时过早。评审团最终决定这两位企业家可以被纳入"成长中的先驱"名单。■

Jack Ma
马云

By Charles Clover
作者：查尔斯·克洛弗

通过电商公司阿里巴巴的上市，马云一举成为全球超级富豪，在他的祖国中国，马云也一直是谜一样的人物。他现在的身价约190亿美元，代表了一个新的现象：直到2014年为止，中国富豪排行榜都是由房地产巨头主导，现在大多数是由互联网企业家主导。

没有什么能比马云及其所代表的互联网企业家更能说明在社会主义国家中，新兴私营部门的力量。马云在中国长期以来一直是个教父式人物，但他最近引起了国际社会的注意，因为他向投资者提供入股世界上增长最快的互联网市场的机会——策划了2014年9月在纽约证券交易所最大的IPO（initial public offerings，首次公开募股），筹资250亿美元。

在阿里巴巴平台上销售的商品价值约占中国零售总额的6%，并且该平台处理大约70%的中国电子商务交易。考虑到中国一半的销售商仍然是线下销售，这可能只是一个起点。中国有6.32亿网民，中国将很快超越美国成为世界上最大的电子商务市场。

马云是中国斗志昂扬的企业家精神的教父，热爱武术和表演艺术，他的父母都是曲艺界的演员。

马云是一个真正的创新者——与他同时代的人大多是复制已经确立的商业模

式，如创建"中国的谷歌"、"中国的亚马逊"或"中国的推特"。但是，马云在1999年在他的公寓里创办阿里巴巴时，这种B2B（business-to-business，企业对企业）的电子商务类型网站是史无前例的。

与亚马逊不同，阿里巴巴没有库存，也没有物流。除了服务器上的空间及其搜索引擎的广告之外，它本身不卖任何东西。它是一个纯粹的平台——它只卖流量。

一个分析师把它比作一个露天的跳蚤市场："他们说，'我们会带来顾客，出租店面，你负责赚钱'，马云就这样将跳蚤市场搬上了网络。阿里巴巴给网站带来流量，把剩下的交给商家去做。"

该公司正在拓展金融、运输、医疗和物流领域，寻求利用电子商务的力量，通过在这些领域引入竞争、速度和营销，使中国这些原本由国有企业主导的（以执行副董事长蔡崇信的话说，"陈旧的"）经济部门合理化。

这项计划结果如何还不确定。尽管阿里巴巴拥有数十亿美元的资源和广泛的"颠覆"中国的行业的经验，但是却很少有人不看好这一点。■

Elon Musk
埃隆·马斯克

By Andy Sharman
作者：安迪·沙曼

　　细细数一数埃隆·马斯克与其他汽车行业首席执行官有哪些不同之处会很有趣。马斯克拥有电动车制造商特斯拉汽车公司1/5的股份。他还经营太空探索技术公司SpaceX，并希望在未来几年能登上火星。

　　马斯克出生在南非，联合创立了电子支付服务公司PayPal，并于2002年以15亿美元的价格出售PayPal，马斯克也因此树立了其企业家声誉。

　　他的个人魅力、对电动交通颠覆性的远见，以及作为企业家的敢作敢为精神是毋庸置疑的。

　　他能激起那些能跟上他疯狂步伐的员工的崇拜和忠诚。"我和白宫的内阁官员合作过，也和高科技行业的高层管理人员合作过"，特斯拉通讯部主任里卡多·雷耶斯说，"在我合作过的人中，埃隆是最聪明的"。

　　在最不可能被颠覆的行业之一——汽车行业中，马斯克向我们呈现了一种不同的运营方式。价值70 000美元的特斯拉轿车是纯电动的，续航里程250多英里。特斯拉电动车可以在特斯拉建立的免费"超级充电器"网点充电，并且只通过特斯拉展厅销售，其中一些展厅设在商场。特斯拉公司使用"无线"软件更新来升级从信息娱乐系统到悬吊系统的一切东西。

　　有迹象表明，汽车行业正在追赶马斯克引领的潮流。高档汽车的制造商越来越多地将零排放动力系统纳入其车辆结构中，这也是因为法律推出了超过业界预期的节能减排指标。欧洲的Opel等大众市场品牌也开始采用无线软件更新。而世界上最大的汽车公司丰田模仿特斯拉在2014年6月公开专利的举措，在2015年1月也对外开放了氢燃料电池专利。

特斯拉认为自己不是一个汽车制造商，而是一个恰巧开发汽车的技术公司。但作为一家成熟制造业的上市公司，它无法逃避金融分析师的审查或与竞争对手汽车制造商的对标分析。

许多业内人士认为特斯拉是撼动了大树，但尚未实现规模化甚至尚未实现盈利——特斯拉制造约3.5万辆汽车，而宝马则制造180万辆，当然，盈利方面也大有不同。

起初，特斯拉公司以低价买下处于极度低迷状态的工厂，为特斯拉开启了一个良好的开端。但是，建立于2003年的特斯拉公司的成长期可能要一直担负一项棘手的任务，那就是完成3号车型汽车量产目标。

马斯克的太空业务同样也遭受了推迟和发射失败，但是从来没有一个人说过登上火星是一件容易的事。■

> "在最不可能被颠覆的行业之一——汽车行业中，马斯克展示了一种不同的运营方式。"

评审团
Judges

Michael Skapinker
迈克尔·斯卡平克

　　迈克尔·斯卡平克，评审团主席，是英国《金融时报》专栏作家，撰写关于商业和社会的文章，并且是副主编。他出生于南非，在希腊开始他的新闻事业，于1986年在伦敦加入英国《金融时报》，并于此后担任了许多职位，包括管理编辑、《金融时报》周末编辑和《金融时报》特别报告编辑。他的每周专栏为他赢得了很多奖项，包括2012年"编辑智慧评论奖"的年度最佳商业评论员。

John Gapper
约翰·加普

　　约翰·加普是英国《金融时报》的首席商业评论员和副主编。他每周写一篇关于商业趋势和战略的专栏，也写关于领袖和其他领域的文章。他自1987年以来一直在英国《金融时报》工作，报道劳工关系、银行和媒体。在1991～1992年，他是纽约联邦基金会的哈克尼斯研究员，并在宾夕法尼亚大学沃顿商学院学习美国的教育和培训。

Jannik Lindbak
詹尼克·林德巴克

詹尼克·林德巴克是挪威国际能源公司Statoil主管公司通信的副总裁，负责媒体关系和内部沟通。在2010年加入Statoil之前，他是Aker Solutions的公司通信高级副总裁和Microsoft Norway的通信总监。他在卑尔根大学获得政治学学位，并在伦敦经济学院获得理学硕士学位。

Jaideep Prabhu
贾迪普·普拉胡

贾迪普·普拉胡是一位市场营销教授，并在剑桥贾吉商学院担任印度商业和企业的贾瓦哈拉尔·尼赫鲁（Jawaharlal Nehru）教授。他曾任职于剑桥大学、伦敦帝国学院、蒂尔堡大学和加利福尼亚大学洛杉矶分校，研究兴趣是营销、创新、战略和国际业务。他还特别研究了关于创新的前因后果的各种跨国问题。

Heather Mcgregor
希瑟·麦格雷戈

希瑟·麦格雷戈是猎头公司Taylor Bennett的首席执行官和主要股东。曾是一个投资银行家，她拥有伦敦商学院的MBA学位和香港大学的博士学位。她是2010年帮助Helena Morrissey开始建立30%俱乐部的女性成员中的一个，该俱乐部致力于推行董事会中容纳更多女性。她为《金融时报》撰写"Mrs Moneypenny"专栏。

Jessica Spungin
杰西卡·斯庞金

杰西卡·斯庞金是伦敦商学院战略与创业专业的副教授。她还是一名独立顾问，就获得战略和有效组织之间的关系向高级管理人员提供建议。在此之前，她在麦肯锡咨询公司工作了15年，是伦敦和约翰内斯堡办事处的合伙人。她还领导了麦肯锡在欧洲的组织实践。

后记
Postscript

在国家推进深化改革的进程中，市场经济的活力会进一步得到释放，企业家精神将是助推市场经济发展的重要力量。在这样的时代背景下，中国科学院控股有限公司（下称国科控股）董事长吴乐斌先生在《金融时报》公布《企业先驱50人》（2015年）评选结果后，认为书中企业家的事迹和精神将有益于全社会学习企业家精神。由此，国科控股团队在获得《金融时报》授权后，对其进行了翻译，并交由科学出版社进行出版。国科控股总经理索继栓先生、副总经理张勇先生、资产营运部总经理李晔女士，以及科学出版社董事长林鹏先生对本书的翻译和出版给予了诸多指导和支持。

参与本书翻译的人员有张荷花、张涵博、朱明珠、王鹤昕、田璐、吴顿、刘洛言、张妍、刘钟鸣、丰亚楠、袁明敏、王希及石佳丽。各译员以其翻译内容的先后进行排序。张荷花和石佳丽对译文进行了多轮审校。

科学出版社的多名工作人员对本书进行了文字编辑，联系图片事宜，并设计图书排版。在此，对上述人员表示衷心感谢，由衷希望本书有助于企业家精神的弘扬和学习！